主编　李天纲

中国国家图书馆藏

民国西学要籍汉译文献·经济学（第六辑）

报酬法

Methods of Remuneration

[美]威尔逊（R.Wilson）著

寿熹译

SASSP
上海社会科学院出版社
Shanghai Academy of Social Sciences Press

图书在版编目(CIP)数据

报酬法/（美）威尔逊（Wilson,R.）著；寿熹译．—上海：上海社会科学院出版社，2016
（民国西学要籍汉译文献/李天纲主编．经济学）
ISBN 978-7-5520-1208-8

Ⅰ．①报… Ⅱ．①威…②寿… Ⅲ．①劳动报酬 Ⅳ．①F224

中国版本图书馆CIP数据核字(2016)第047346号

报酬法

主　　编：李天纲
编　　纂：赵　炬
责任编辑：唐云松
特约编辑：陈宁宁
封面设计：清　风
策　　划：赵　炬
执　　行：取映文化
加工整理：嘎　拉　江　岩　牵　牛　莉　娜
责任校对：笑　然
出版发行：上海社会科学院出版社
上海淮海中路622弄7号　电话63875741　邮编200020
http://www.sassp.org.cn　E-mail:sassp@sass.org.cn
排　　版：上海永正彩色分色制版有限公司
印　　刷：常熟市人民印刷厂
开　　本：650×900毫米　1/16开
字　　数：65千字
印　　张：7.875
版　　次：2016年4月第1版　2016年4月第1次印刷

ISBN 978-7-5520-1208-8/F.407　　定价：46.00元（精装）

民国西学：中国的百年翻译运动

——『民国西学要籍汉译文献』序

李天纲

继唐代翻译印度佛经之后，二十世纪是中文翻译历史上的第二个高潮时期。来自欧美的『西学』，以巨大的规模涌入中国，参与改变了一个民族的思维方式，这在人类文明史上也是罕见的。域外知识大规模地输入本土，与当地文化交换信息，激发思想，乃至产生新的理论，全球范围也仅仅发生过有数的那么几次。除了唐代中原人用汉语翻译印度思想之外，公元九、十世纪阿拉伯人翻译希腊文化，有一场著名的『百年翻译运动』之外，还有欧洲十四、十五世纪从阿拉伯、希腊、希伯来等『东方』民族的典籍中翻译古代文献，汇入欧洲文化，史称『文艺复兴』。中国知识分子在二十世纪大量翻译欧美『西学』，可以和以上的几次翻译运动相比拟，称之为『中国的百年翻译运动』、『中国的文艺复兴』并不过分。

运动似乎是突如其来，其实早有前奏。梁启超（1873–1929）在《清代学术概论》中说：『自明末徐光启、李之藻等广译算学、天文、水利诸书，为欧籍入中国之始。』利玛窦（Mateo Ricci, 1552–1610）、徐光启、李之藻等人发动的明末清初天主教翻译运动，比清末的『西学』早了二百多年。梁启超有所不知的是：利、徐、李等人不但翻译了天文、历算等『科学』著作，还翻译了诸如亚里士多德《论灵魂》（《灵言蠡勺》）、《形而上学》（《名理探》）等神学、哲学著作。梁启超称明末翻译为『西学东渐』之始是对的，但他说其『范围亦限于天（文）、（历）算』，则误导了他的学生们一百年，直到今天。

从明末到清末的『西学』翻译只是开始，而且断断续续，并不连贯成为一场『运动』。各种原因导致了『西学』的挫折：被明清易代的战火打断；受清初『中国礼仪之争』的影响；欧洲在1773年禁止了耶稣会士的传教活动，以及儒家保守主义思潮在清代的兴起。鸦片战争以后很久，再次翻译『西学』，仍然只在上海和江南地区。从翻译规模来看，以上海为中心的翻译人才、出版机构和发行组织都比明末强大了，影响力却仍然有限。梁启超说：『惟（上海江南）制造局中尚译有科学书二三十种，李善兰、华蘅芳、赵仲涵等任笔受。其人皆学有根底，对于所译之书责任心与兴味皆极浓重，故其成绩略可比明之徐、李。』梁启超对清末翻译的规模估计还是不足，但说『戊戌变法』之前的『西学』翻译只在上海、香港、澳门等地零散从事，影响范围并不及于内地，则是事实。

对明末和清末的『西学』做了简短的回顾之后，我们可以有把握地说：二十世纪的中文翻译，或曰中华民国时期的『西学』，才是称得上有规模的『翻译运动』。也正是在二十世纪的一百年中，数以千计的『汉译名著』成为中国知识分子的必读教材。1905年，清朝废除了科举制，新式高等教育以新建『大学堂』的方式举行，而不是原来尝试的利用『书院』系统改造而成。新建的大学、中学，数理化、文史哲、政经法等等学科，都采用了翻译作品，甚至还有西文原版教材，于是，中国读书人的思想中又多了一种新的标杆，即在『四书五经』之外，还必须要参考一下来自欧美的『西方经典』，甚至到了『言必称希腊、罗马』的程度。

我们在这里说『民国西学』，它的规模超过明末、清末；它的影响遍及沿海、内地；它借助二十世纪的新式教育制度，渗透到中国人的知识体系、价值观念和行为方式中，这些结论虽然都还需要论证，但从一般直觉来看，是可以成立的。中国二十世纪的启蒙运动，以及『现代化』、『世俗化』、『理性化』，都与『民国西学』的翻译介绍直接有关。然而，『民国西学』到底是一个多大的规模？它是一个怎样的体系？它们是以什么方式影响了二十世纪的中国思想？这些问题都还没有得到认真研究，我们并没有一个清晰的认识。还有，哪些著作得到了翻译，哪些译者的影响最大？『西学东渐』的代表，明末有徐光启，清末有严复，那『民国西学』的代表作在哪里？这一系列问题我们并不能明确地回答，原因就在我们对民国翻译出版的西学著作并无一个全程的了解，民国翻译的那些哲学、社会科学、人文学科的『西学』著作，束之高阁，已经好多年。

举例来说，1935年，上海生活书店编辑《全国总书目》，『网罗全国新书店、学术机关、文化团体、图书馆、政府机关、研究学会以及个人私家之出版物约二万种』。就是用这二万种新版图书，生活书店编制了一套全新分类，分为：『总类、哲学、社会科学、宗教、自然科学、文艺、语文学、史地、技术知识』。一瞥之下，这个图书分类法比今天的『人大图书分类法』更仔细，因为翻译介绍的思潮、学说、学科、流派更庞大。尽管并没有统一的『社科规划』和『文化战略』，『民国西学』却在『中国的文艺复兴』运动推动下得到了长足发展。查看《全国总书目》（上海，生活书店，1935），在『社会科学·社会科学一般·社会主义』的子目录下，列有『社会主义概论、社会主义史、科学的社会主义、无政府主义、基尔特社会主义、乌托邦社会主义、基督教社会主义、议会派社会主义』等；在『社会科学·政治·政体政制』的子目录下，列有『政治制度概论、政治制度史、宪政、民主制、独裁制、联邦制、各种政制评述、各国政制、中国政制、中国政制史』等，翻译、研究和出版，真的是与欧美接榫，与世界同步。1911年以后的38年的『民国西学』为二十世纪中国学术打下了扎实的基础，而我们却长期忽视，不作接续。

编辑出版一套『民国西学要籍汉译文献』，把中华民国在大陆38年期间翻译的社会科学和人文学科著作重新刊印，对于我们估计、认识和研究『中国的百年翻译运动』、『中国的文艺复兴』，接续当时学统，无疑是有着重要的意义。1980年代初，上海、北京的学术界以朱维铮、庞朴先生为代表，编辑『中国文化史丛书』，一个宗旨便是要接续1930年代商务印书馆王云五主编『中国文化史丛书』，重振旗鼓，『整理国故』，先是恢复，然后才谈得上去超越。遗憾的是，最近三十年的『西学』研究却似乎没有采取『接续』民国传统的方法来做，我们急急乎又引进了许多新理论，诸如控制论、信息论、系统论……还有『老三论』、『新三论』、『后现代』、『后殖民』等等新理论，对『民国西学』弃之如敝屣，避之唯恐不及。

民国时期确实没有突出的翻译人物，我们是指像严复那样的学者，单靠『严译八种』的稿酬就能成为商务印书馆大股东，还受邀请担任多间大学的校长，几份报刊的主笔。但是，像王造时（1903–1971）先生那样在『西学』翻译领域做出重要贡献，然后借此『西学』，主编报刊、杂志，在『反独裁』、『争民主』和『抗战救国』等舆论中取得重大影响的人物也不在少数。王造时的翻译作品有黑格尔的《历史哲学》、摩瓦特的《近代欧洲外交史》、《现代欧洲外交史》、拉铁耐的《美国外交政策史》、拉斯基的《国家的理论与实际》、《民主政治在危机中》。1931年，王先生曾担任光华大学教授，文学院长，政治系主任，后来创办了《主张与批评》（1932）、《自由言论》（1933），组织『中国民权保障同盟』（1932）。他在上海舆论界发表宪政、法治、理性的自由主义；他在大学课堂上讲授的则是英国费边社社会主义、工联主义和公有化理论（见王造时著《荒谬集·我们的根本主张》，1935，上海，自由言论社）。非常可惜的是，王造时先生这样复杂、混合而理想主义的政治学理论和实践，在最近三十年的社会科学、人文学科中并无讨论，原因显然是与大家不读，读不到，没有再版其作品有关。

我们说，『民国西学』本来是一个相当完备的知识体系，在经历了一个巨大的『断裂』之后，学者并没有好好地反省一下，哪些可以继承和发展，哪些应该批判和扬弃。民国时期好多重要的翻译著作，我们都没有再去翻看，认真比较，仔细理解。『改革、开放』以后，又一次『西学东渐』，大家只是急着去寻找更加新颖的『西学』，用新的取代旧的，从尼采、弗洛伊德……到福柯、德里达……就如同东北谚语讽刺的那样：『熊瞎子掰包谷，掰一个丢一个。』中国学者在『西学』武库中寻找更新式的装备，在层出不穷的『西学』面前特别害怕落伍。这种心态里有一个幻觉：更新的理论，意味着更确定的真理，因而也能更有效地在中国使用，或者借用，来解决中国的问题。这种实用主义的『西学观』，其实是一种懒惰、被动和浮躁的短视见解，不能积累起一个稍微深厚一点的现代文化。

讨论二十世纪的『西学』，一般是以五四『新青年』来代表，这其实相当偏颇。胡适、陈独秀等人固然在介绍和推广『西学』，倡导『启蒙』时居功至伟，但是『新文化运动』造成不断求新的风气，也使得这一派的『西学』浅尝辄止，比较肤浅，有些做法甚至不能代表『民国西学』。胡适先生回忆他们举办的《新青年》杂志，有一个宗旨是要『输入学理』，即翻译介绍欧洲的社会科学、人文学科知识，他还大致理了一个系统，说『我们的《新青年》杂志，便曾经发行过一期「易卜生专号」，专门介绍这位挪威大戏剧家易卜生，在这期上我写了首篇专论叫《易卜生主义》。《新青年》也曾出过一期「马克思专号」。另一个《新教育月刊》也曾出过一期「杜威专号」。至于对无政府主义、社会主义、共产主义、日耳曼意识形态、盎格鲁·萨克逊思想体系和法兰西哲学等等的输入，也就习以为常了。』（唐德刚编译：《胡适口述自传》，北京，华文出版社，1992年，第191页）。胡适晚年清理的这个翻译目录，就是那一代青年不断寻找『真理』的轨迹。三四十年间，他们从一般的人性论学说，到无政府主义、社会主义、马克思主义；从不列颠宪政学说，到法兰西暴力革命理论、德意志国家主义思想，再到英格兰自由主义主张，大致就是『输入学理』运动中的全部『西学』。

胡适一语道破地说：『这些新观念、新理论之输入，基本上为的是帮助解决我们今日所面临的实际问题。』胡适并不认为这种『活学活用』、『急用先学』的做法有什么不妥。相反，二十世纪中国知识分子接受『西学』的方法论，大多认为翻译为了『救国』，如同进口最新版本的克虏伯大炮能打胜仗，这就是『天经地义』。今天看来，这其实是一种庸俗意义的『实用主义』，是生吞活剥，不加消化，头痛医头，脚痛医脚的简单思维，或曰：是『夺他人之酒杯，浇自己之块垒』。从我们收集整理『民国西学要籍汉译文献』的情况来看，『民国西学』是一个比北大『启蒙西学』更加完整的知识体系。换句话说，我们认为『五四运动』及其启蒙大众的『西学』并不能够代表二十世纪中国西学翻译运动的全部面貌，在北大的『启蒙西学』之外，还有上海出版界翻译介绍的『民国西学』。或许我们应该把『启蒙西学』纳入『民国西学』体系，『中国的百年翻译运动』才能得到更好的理解。

我们认为：中国二十世纪的西学翻译运动，为汉语世界增加了巨量的知识内容，引进了不同的思维方式，激发了更大的想象空间，这种跨文化交流引起的触动作用才是最为重要的。二十世纪的中国文化变得不古不今，不中不西，并非简单的外来『冲击』所致，而是由形形色色的不同因素综合而成。外来思想中包含的进步观点、立场、方案、主张、主义……具有普世主义的参考价值，但都要在理解、消化、吸收后才能成为汉语语境的一部分，才会有更好的发挥。在这一方面，明末徐光启有一个口号可以参考，那便是『欲求超胜，必须会通；会通之前，必先翻译』。反过来说，『翻译』的目的，是为了中西文化之间的融会贯通，而非搬用；『会通』的目的，不是为了把新旧思想调和成良莠不分，而是一种创新——『超胜』出一种属于全人类的新文明。二十世纪的『民国西学』，是人类新文明的一个环节，值得我们捡起来，重头到底地细细阅读，好好思考。上海社会科学院出版社邀我主编『民国西学要籍汉译文献』，献弁言于此，是为序。

2016年3月20日，于阳光新景寓所

［美］威爾遜（R.Wilson）著　壽熹譯

報酬法

中華民國二十三年十二月初版

原序

這本關於工資支付法的簡短的敘述，其立意在使一般讀者熟識這個論題的要點。人們注意力常集向於把財富這個概念推廣開來，作爲經濟學上的研究題材。只有較多的注意已費於作「工業關係」(industrial relations)的研究，便可發見此種徵象報酬法在工業關係中早已是一個顯著的問題，這或足以表示這本小册子的題材，具有相當的重要性吧。我打算把這個論題這樣的來配置，使讀者們可從「工業條件」的規定方面來觀察這論題，如此便可明瞭原則上的或具有歷史重要性的各種事件，且不致虛耗注意力於數學的設計上面。

R. W.

目次

報酬法

第一章　引論

在經濟學的著作中，報酬法這個名稱，普通都用來描寫工資支付中所採用的各種方法的。雖則這名稱創立很久，究非十分適當的名稱；所以爲便利計，仍就我們對於這個論題所提出討論的事件，來作簡短的觀察，不過要將這名稱原來的範圍，略加擴充而已。本文所提及的報酬，係單指工資而言；我們並不涉及其他的支付形式——利潤，租金等——除非分紅(profit sharing)也是一種工資支付的方法。我們將研究工資的或種形態：如工資率，計時工資，計件工資等所採取的各種形式；及由此各種形式傭來的工人間之相互關係；各業用來規定支付形式的各種規則或習慣；以及適應工資變更的或種方法。

不過應注意到，上文最後提及的一部分題材——適應工資變更的或種方法——是與支付形式的問題微有區別的。這部分題材的討論，並不牽涉到團體訂約(collective bargaining)關於工資率增減方面的一般問題，只是涉及某種規定的形式，要是把這種規定形式和工資來一起研究，頗能協助我們獲得施行於各項工業中之全部工資制度的概念。例如關於鋼鐵工業方面，我們不但要提及計件工資或計噸工資，還要提及售價昇降制度(selling price sliding scales)，因爲該項工業中工資的增減，都須受這種制度的影響；在煤礦工業中，同樣的也要提及那決定基本工資——計件或計時——百分率的「所得金的分配」(division of proceeds)。至於其題材的範圍，可略斟酌行文的便利而決定之。此外，因工資形式這東西，並不能把它視爲與其他的工資訂約狀態如工作時間等絕無關係，所以爲闡明那些我們特別感到興趣的狀態，至少須附帶述及其他的論題。

工資可由各種不同的方法來決定，或由一個僱主與一個工人間的個別訂約，或由一個工會與一個僱主組合間的團體訂約。這些工資的運用程度各有不同。它們或可適用於全部行業，或可適用於各地方或各工廠；它們或在純粹自主的協定下而被支付，或在本國法律的決定下而被支付。在英國，團體訂約的方法不論在直接和間接方面都頗占重要的，我們可把這種方法認作決定工資的主要手段。工資形式和工作時間以及其他多少足以影響工資的工作條件，普通都是在團體訂約中一併予以規定的。

在討論工資率所採取的不同形式之前，必須注意到與團體訂約制度有關的一般形態，因對於這種形態的理解，是爲工資支付問題的研究所必需的。這些一般形態包括各業之分成計時工行業和計件工行業，以及下一章中所講到的標準工資和各種支付形式的共同基礎。讀者須注意，在這階段的討論中所用的「計時工」和「計件工」的用語，是頗易含混的。

各種支付形式的分類最簡單最廣義的，便是把它們分成計時工和計件工。計時支付與計件或計產類的支付間之廣義的區別，我們所知道的已夠應付眼前初步研究之用。就這些名辭的概括意義來使用且並不嚴格地把計件工和各種計成績支付（payment by results）的形式區分開來，所須注意的一個重要形態，便是有些工業或行業大都屬於計件工，同時有些又大都屬於計時工。雖則這分類並不十分簡單和淸楚，有許多地方常受許多限制，而許多工業或行業中又同時有計時的和計件的工作，且所須研究的重要事件又常是支付形式所適用工作條件，而非支付形式的本體，然而這樣的分類在任何時候都可作成的。假如要將兩個相距許多年代的時期相比較，我們必須承認有各種變遷——不但有從計時到計件，或計件到計時，還有計件工所適用的工作條件的變遷。

下列大工業或大行業，普通都用計時工：運輸業，船業，建築業，木工業，食品業（如麵包業等），分送業，鈔寫業，煤氣廠，電力廠，以及其他的公用事業。礦業，鋼鐵廠，陶器製造業，玻璃製造業，織造業，織布業，製鞋業，以及一部分的造船業，普通都是用計件工的。在修船業，機器業和印刷業中，則計時工和計件工都有採用。將各業更詳細的豬察——尤其是工業中的礦業和職業中的鈔寫業——還可發見各種的支付方法。

參加團體訂約——團體訂約在英國是規定工資的最主要的手段——的團體，常很注重於支付的形式，我們有時好像覺得很奇怪。支付方法祇是工資訂約的一種形態，從表面上看來，這似乎是不甚重要的。然而，慣常有一大羣人們在準備着爲爭取某種支付方法而奮鬬，以反對其他的支付方法，我們可以推知定有充分的理由使他們這樣堅持着的。在觀察到作用於其間的影響時，便可明瞭支付形式是兩種主要力量的結果——工人堅持着一種標準工資，而僱主卻需要減低成本。

標準工資的概念留待後面討論。此處須注意的便是，標準工資在有些情形中是計時工資，在有些情形中是計件工資：有時則計件工資和計時工資都被採用；這種混合着計件和計時性質的支付形式，在近年來其重要性更爲增加。因爲僱主是必然的傾向於從勞動成本的觀點上來看待工資的，即是——不論工資是以計時的名義或計件的名義支出——都把工資視作計件工資。他衹是顧慮到勞動對他的價值。工人也必然的想到他在工資上所費的成本，即是想到獲得工資時所費的時間與精力。

前而所提及的勞資雙方的作用，也須受其他情形限制的。有幾個例子中所以使用計時工方法的理由，便是因爲這項工作的性質，是不能適用其他任何方法的。這層理由可以應用到上文所述計時工的工業或職業中，惟須記住當它們遇到計件工的情形時——例如，農業中的收割時期，或運輸業中的貨車搬運——便成例外，這更可以說明這個規律。計時工是常出於工作性質之必要的。這可以說明爲什麼布廠中的堆棧工人適用計時支付，而機器工人卻適用計件支付。

這一種工作適合何種支付方法的專門技術上的緣由，是一種重要而普遍的影響，但其重要性常非直接顯著的。例如計時工爲什麼爲建築業或木工業的工作性質所必需，一如爲運輸業或農業的工作性質之所必需，便不十分明顯了。假如技術的考慮之重要性相當爲人所重視，那麼在觀察許多行業時，還必須注意到團體訂約後面的力量。爲什麼一個紡績工人依件數支付，而一個泥水匠則依時間支付呢？主要的理由是團體訂約在這兩種行業中頗爲發展；這種支付形式是工人經過他們的工會而普遍地訂定的。工人擇定計時工或計件工的意思，便是他們以爲這種特殊方法是爲保持標準工資起見所必需的。

關於公正的支付方法，顯然各業間，尤其是在僱主與工人間，都有不同的主張。每個團體對這問題的出發點必然微有不同，且都偏重它們自己的意見。然新的支付形式的發展，尤其因同時包括計時和計件兩種性質的形式的發展，可說是分歧的意見經過團體訂約後而漸趨於協調的表示。

要把工業中計時工的和計件工的工人人數用統計表示出來，這是不可能的事。在一九〇六年，當商務部 (Board of Trade) 作普遍的調查時，根據所接得的報告，大半重要工業所僱用的工人，有四分之三是用計時工資支付，四分之一是用計件工資或其他計成績支付的形式來支付的。在相反方面，韋勃(Sidney Webb)夫婦在他們的工業民主主義 (Industrial Democracy) 一書中分析各工會的觀點時，在他們的分析所包括的行業中，計件工人的人數卻比計時工人的人數多。然這分析並未擴充到許多以後方產生工會組織的工業，如運輸業等中去；且這分析大半只涉及有完善組織的行業，該業工會對於支付方法的態度，當然比許多後來方有完善組織的行業的工會態度，要來得確定些；再者，該項分析所包括的行業，有幾種後來都已變遷過了。我們雖則倘無其現在比例的精確統計足資根據，以求得結論，然大概可假定近年來的趨勢是傾向於比較普遍採用計成績支付的。計成績的支付，在大戰時會大大地擴充起來，尤其在軍需工業中是如此，但是許多這類的工業，在戰後又回復到戰前的情形。然有幾次工業——包括最受大戰影響的機器工業——在戰前就有增加計成績支付的趨勢；隨此趨勢而俱來的特殊方法，如採用獎勵津貼制度(premium bonus system)等，都留待後面討論。英政府所委派的工商委員會於一九二六年所出的「工業關係之考察」(Surbey of Industrial Relations)的報告中，其結論爲「有幾項工業中計成績支付的工人的比例數，現在比一九○六年增高，這似乎是並非不確實的。」

現在並無精確的統計上的比較足資引證；就是有了目前情勢的統計，假如需要獲得近二三十年來變遷的明晰概念，也必須敍述這期間制度中的變遷的。「計成績支付」這個名辭是一個綜合的名辭，可包括各種支付形式，這各種支付形式與計件支付又各包含無數的規定，有幾種規定是具有計時工資性質的（如計件工人之計時工資的擔保，參照計時工資基礎而訂價的計件工資，「等候時間」Waiting time 的支付等等）。自從十九世紀末葉以來，上述的規定之施行便激增起來，所以從全部工業看來，計成績支付的制度，與其先前的性質便不完全相同了。計時支付法也略有相同的情形，這項支付法中——雖尚未感到那樣多的變動——也已輸入新方法了。

這些變遷留待後面述及，不過我們因此更須記住，計時工和計件工兩者實是概括的名辭。

敍述酬報的方法必須從方法的分類着手。這種分類具有多種的變形，這點讀者務須記住。一個以計時工資來支付的工人，也可酌用計成績支付的制度或其他方法來酬報他。此處須分別敍述的支付制度，在一座工廠中卻可結合在一起以施行於同一工人。後面所提及的特殊支付方法——如根據一座工廠的產額或分紅的團體制度——是可以加諸普通的計時工或計件工之上的。從全部工業看來，這些混雜的形態往常只在特殊的工廠中發現。不過在提及有幾種工業中工人的工資時，常須顧慮到此處分別討論的各種因素的。所以常可把一個鋼鐵廠中的工人，認作本來是一個計件工人或一個計時工人；假如是一個計件工人，我們可以發見他同時又是須依賴團體產額的一個團體中之一份子，就是說他是團體支付的一個參與者；他方面，雖則他本來是一個計時工人，他也可酌得一種根據產額的津貼之酬報，這產額可以是他所屬團體的產額，或是一部門的或全部工廠的產額；再者，除支付方法外，還有售價升降制度也能影響到工資水準的（參看第十章）。

各種工業間的這些差異，有幾分也可由技術上的緣由來解釋——鋼鐵廠中的團體計件工狀態所以與許多其他工業的支付方法的狀態相異，可以說是鋼鐵廠的生產方法使其如此的。由全部工業觀之，所建立的支付方法都屬計時工資或計件工資，但有許多工業卻是一種混合制度。這些混合制度所採取的形式，如根據工廠產額的團體制度等，是頗為重要的，因為它們是企圖來更改工資制度，使有關係的團體對這制度更能滿意。

第二章　標準工資

差不多一切工會的目的，都在使工資依照確定的標準而支付——卽以一種劃一的最低工資，普遍施行於確定區域中的同類工作。團體訂約可以說就暗示著須有標準工資的存在，因爲非待雙方都承認一種共同的工資標準，否則要在無數有組織的工人和有組織的僱主間來成立工資協定，是決難實現的。在工作條件和設備多少一致的行業中，其第一次的團體訂約便可作爲標準，各行號所支付的工資任憑是互相不同，但從這個開端起的發展，都是普遍地趨向於劃一的最低標準的；團體訂約的兩造，都向着這共同標準而推移，各僱主的目的在使工資成本的競爭趨於一致，各工人的目的在要求一種劃一的最低酬報。有許多計件工行業中，各行號的機器設備和工作條件相異甚鉅，每一行號也各有不同的工資協定；然因各行號的工資須參照一種普通最低所得的標準而訂價，所以上述原則仍是適用的。

這標準工資或是計時工資，或是計件工資，在有幾種情形中，還可以是這兩種工資的混合物。這標準不論是計件或是計時，常只是一種最低工資，不過有時可以將這種最低工資認作最低額，且可以認作最高額而已。用劃一的標準工資來支付，結果其所得並非是必然均等的。當我們觀察到用同一計件價目（標準工資）來支付的工人，其每星期的所得有很大的差異，這是很容易明瞭的。不過當這標準工資是一種計時工資時，便不大容易明瞭了，然而就是用計時工資來支付，其間仍有差異的；因爲有幾家行號所付的工資要比標準高；且能力充足或特別勝任該項工作的工人，常可取得超過標準的工資；當我們的注意力從每小時的工資率移到每星期的或一長期間的所得時，標準計時工資與計時工人的實際劃一工資間之差別，將更爲顯然。事實上團體訂約並不阻止經濟團體在別方面的作用；這些團體對它們在別方面的作用——基於各工人和各僱主不同的能力上的作用——祇予以規定而非予以阻止，這實是很重要的現象。

關於一部分的計時工人也曾有過把團體訂約的各種企圖變通，這樣一來，使計時工資與各工人的能力更爲符合（在計件工人中是不會同樣引起這問題的，因爲同一計件工資率所規定的工資可按照能力而變化，不過計件工資有時也依照這工人是成年工人抑係童工，是男工抑係女工，而規定不同的水準）。此處所述及的變通辦法，可在團體訂約中列舉出來，並成爲團體訂約之一部分的；就是與上述變通辦法有別的個別訂約中的變通辦法，也可與團體訂約取同一途徑。然標準計時工資普通都是一種毫無差別的最低工資，其立意在將這種工資施行於一切同等級的工人當他們做同等工作的時候。不過也須注意到，在數種行業中，其標準是一種團體協定的計時工資時，也有特殊的規則，卽容許少數年老的或能力薄弱的工人來工作，所得則較低於常規標準的工資。

尋常所認爲標準工資根基的概念，便是所得對於勞力的度量。在一小時內只須做一個工作單位的情形中，每小時一先令的計時工資，與一小時內須作兩個工作單位情形中每小時一先令的計時工資，是完全不同的一件事。根據這同一理由，計件工資可以適用的環境是這樣的時常變動，一日中依照計件工資的所得，便非常不固定。所以標準工資的概念，便是取得確定的最低工資，以報酬一定量的勞力的支出。有時可將標準工資定爲計時工資，有時也可定爲計件工資。一個紡績工人依照紡績業中的計件價目表，假如其他情形不變更，他在一架紡機上用某種速度作成一種出品後，他便可保證他能穩穩地取得他的工資；在計時工制度中，他便不能這樣的來規定。在這例子中的標準工資便是計件價目，表中收有適應特殊情形的各種支付。一個泥水匠也有他的理由，因他所屬行業的易變性，不能把計件工資規定到使工人的所得與他所費的勞力適相符合。所以這個工人要求用計時工資來支付；而這種標準工資也就常是計時工資了。

關於計件工或計時工誰能適合特殊情形的問題，雖無甚重大影響，但在過去有時卻也引起爭論。現在已有把計件工資和計時支付混合起來的方法，計件工中所以採用計時支付，便是爲了除去純粹計件支付方法中的不固定的情形。此外復因工業中技術上的發展，在過去有人可根據保持標準工資的觀點，來反對一種支付方法爲不適當，然在新環境下，這種反對論調便毫無足取了。這種技術上的變遷，便是更替計件工和計時工的分配，或是更替計時工或計件工的形式之主要理由，這層在前面已說過了。

在計件工制度中採用各種計時的條件——如此便可有一種不計產額的計時支付的擔保

——這種趨勢業已表明過。我們可以認這種趨勢是標準工資概念的發展（卽用所得成績來度量「勞力」之外，再用工人所費於工作上的時間來度量），這層在後文還須再加以說明。再者，雖則工資須參照甚小的一個工作單位，或一小時的工作，或價目表中的一小項，然常常還須參照其他的習慣或規則，這些習慣或規則的作用，與工資同樣能重要地影響到所得；其中最重要的幾種是涉及工作的持久的。這類規則或習慣的性質各業互有不同，我們可在本文後幾章中再加以相當的觀察。此處祇須表明，工資訂約的目的，是在使這幾種行業——計件工或計時工——中的工資，比別種行業更能保持得長久些。雖則事實上工資本體是值得研究的東西，然工資祇是達到目的的一種手段；假如這目的就是生活程度，那麼必須使工資——或工資的代替品——的支付不致中輟。對於這一問題的充分討論，不但要牽涉到工資訂約外的解僱規定，還要牽涉到對於幾個經濟結構的各種批評和提出的改革辦法；然我們所要討論的，祇是與實際工資訂約有關係的情形。

標準工資的意義，可由一件事情闡發出來，就是在使用計件工的幾個最明顯的例證中——

例如紡績業——其計算所得的方法常是非常複雜，致不易爲許多工人所了解。不過這種不易爲工人所了解的方法，仍是已證實的可獲得標準工資的手段。有人常指示有一反對論調說這種複雜的方法，爲工人所不能完全理解的。然這項反對論調並不定是這方法的複雜性所引起的。假如這方法能使所得與勞力或產額間的關係穩固，那麼只要這種複雜的方法能爲工人的代表所理解並得參加規定，工人便不會不滿意了。

標準工資還含有另一種一般的概念，這種概念好像自相矛盾似的，且因與普通所用的名辭不同，所以這概念的真實性和重要性常易爲人所漠視。這概念如我們往常所感到的，就是一切支付形式的基礎都是產額和成績。但是普通所用的「計成績支付」這個名辭，雖包括許多計件工的形式（或包括混合着計時工資的計件工），卻並不包括純粹的計時工。上面所說的意思便是，無論這些名辭是如何用法，計時工終究是計成績支付的一種形式。也就是說，計時工資不是爲時間而支付，是爲工作而支付的——卽在產生工資的時間中，務須產生一定量的工作。這理由是很明顯的，但我們如欲充分理解許多工資支付問題，不可因其明顯而卽置之不顧，因爲這概念實是解決該項問題的關鍵。計時工資的目的是仍在成績方面的，固然計時工資不能精密地來度量生產品；不過在沒有或尚未協定其他度量形式時，還須用時間來作度量。所以從他方面說來，一切工資便都是計時工資：工人常希望所得酬報能如他們所費於工作上的時間，就是說，時間構成了計產額的或計成績的支付之基礎；在計件工制度中採用計時條件是頗重要的，其發展已在前面講過了。

一切工資形式固然有這種共同基礎——從計產額的或計時間的觀點看來，都屬如此——卻不能消滅計時工和計件工間的重要差異。但其間實存的重要差異，可因事實的進展漸趨於調和：如計時工普通都參照產額或勞力的基礎；而計時的基礎——在某一時間內取得一定量的所得——普通又爲計件支付的根基。在觀察包工（task-work）時，更可證實這種共同基礎的觀點，雖則現在包工已非一種重要的支付形式（有幾種行業現在仍把這名辭用來代表計件工或有計時工資擔保的計件工）。包工是一種支付形式，照此形式有在一定期間須完成最低限度的工作的限定——譬如說須於一天或一星期內完成——假如屆時能完成該項工作，便給以規定的工資。假如在這期間少做了些工作，便須按比例酌減工資；而多做了些工作，卻也只給以規定的工資。工人在一特定期間出賣他的勞動，但是雙方協定所做的工作不得少於一最低限度。他方面，最通常的支付形式中的出賣（這祗是不計實際結果的理論上的常規支付形式）便是：計時工人出賣在一特定期間所作的工作，不必顧及工作的數量；計件工人出賣一定量的工作，不必顧及時間的期限。

第三章 計時工

要不用計時工資來支付一個守夜者，這是很困難的。就是有了其他的支付方法，我們敢說這種方法是不能實行。前面已述及許多種工作的性質必須使用計時支付，這論據在此處更找到強有力的佐證。在採用計時工資的環境中，其工作情形是天天——或時時——有很大的變更；要訂定計件價目是不可能且不能實行的。此外，有幾種行業中計時工雖非唯一可行的方法，然因工人反對計件工或其他計成績支付的形式，因此計時工便成為該業的通常形式。這種主張計時工的理由——其他方法都遭工人反對——已在標準工資一章中簡短地討論過了。讀者在觀察這些理由時應記住：第一是有兩個團體參加工資訂約，第二是雙方承認履行所根據的理由，是否為公認正確的理由是不一定的。同一方法——計時或計件——都可為雙方團體所採用。雙方對於方法有不同的主張時，便須使它們相互的訂約力量來決定了。

除上文表明者外，還有採定計時工的理由。計件工雖可鼓勵工作的速度，然這速度又足以消耗注意力或技巧。假如注意力或技巧的喪失將致成出品的拙劣，機器的損壞，或其他情形，因而須將計件工本來的較多產額打折扣時，僱主將寧好採用計時工；當產額較少的計時工因不須監工，以致成本較廉於計件工時，僱主也將採用計時工。再則有幾種職業，因件工引致之速度，會增加傷害及意外之危險，為此計時支付亦多被公認為唯一相宜之方法。同時有幾種工業——例如運輸業中的鐵路——因為須顧慮的安全不單是限於工人方面，也多採定計時工的。

遇到須重複使其標準化的工作，普通都是以計件法支付的，但是在大部分工作因這緣由而以計件工資支付的行業中，有幾種工作仍是適用計時工資的。各業對於這種特殊性質的工作，都有特別的規則。此處我們提及即指許多計件工行業的一種普通習慣——即在試驗期間，新形式的工作都以計時工資支付的。究竟計時工資是常規方法，或只是規定計件工資前的一種準備，這問題須視環境如何而決定——就是要看這項工作抑是特殊的和無須重作的，或祇在目前是新穎的。

那種付給常規計件工人，作為規定計件價目之準備的計時工資，常高於付給常規計時工人的計時工資。在這種情形下，這工資與所謂「替代」(lieu)工資是完全相同的。替代工資亦即計時工資——但高於計時工的計時工資——是用來代替計件工資的，這是因不易訂定計件價目而使用計時工資的又一例證。替代工資是替代計件工資的工人仍須認這工作為計件工，且須用計件工的速度來工作的。這種支付方法又是計時工和計件工兩者具有共同基礎的另一佐證。

還有一種情形計件工人在某一時期須用計時工資來支付的，這即包括大家都知道的「等候時間」的支付。計件工人的這種支付——在等候輪班為普通之工作時，計件價目的支付是不適用的——是一種用來節制計件工的條件，還有其他相同的限制或擔保，一併留待後文討論。這實在就是把計時工的節制輸入計件工。其目的即在得到支付的繼續；這種支付的範圍方面各業互不相同——不管它們是計件工抑係計時工。

計時工資通常都按鐘點或星期計算，但各計時工行業（計件工行業也是如此）中，所擔保的工作時期各有不同。建築業的工資通常是計鐘點的，解僱也是在一小時或兩小時前通知的；不過近來建築業中有幾部門如泥水匠等，對於「潮濕時間」wet time（就是因天雨等而損失的時間）也採用一種支付形式；且已付試驗過這種等候時間原則之應用了。有幾種行業（如製麵包業）的工資是計星期的；例如在製麵包業和鐵路中，至少須擔保有一個星期的工作。有幾處的農業雖則近年來已趨向於短期的傭用，而農村工人現在也已是星期傭工，然半年期的傭用仍是很普通的。薪金也是一種支付形式——其普通差別在於傭用期內的工作時間，並不像計鐘點或計星期支付的工人般地，詳細列舉出來——其傭用的繼續時期，通常都是一月或更長的時期。此處我們並不想涉及法定契約的問題，只須表明關於計時工資所適用的時期，以及幾種行業中工作時期擔保——這時期可以是半天，一天，或一個星期——的規定，各種計時工資是互有不同的；此外，有幾種行業對於不同等級的工人，還有分別的擔保——例如有幾處地方的製麵包業，爲一個正式工人擔保的時期是一星期，一個臨時工人是一天或半天。

不過須注意，所規定的計星期的工資，在實行時卻不妨是計鐘點的工資。反之，也須注意，當通知解傭的時期須在一小時或不到一小時前（有幾種行業如機器業的一部分，是規定卽刻可以通知解僱的），且其工資是計鐘點的工資時，也可有計星期支付的性質。例如，有一種行業的常規的每星期工作時間，由團體訂約規定爲四十八小時，每小時的工資是一先令六便士，假如有一特殊工廠採取每星期四十四小時的常規時間時，其每小時的工資便可訂爲一先令七便士半，或一先令七又四分之三便士（如此便可給較短的常規星期以同額的工資，一如給較長的常規星期者）；此處計鐘點的支付方法便依星期計算了（反之，這決不是指一個擔保的星期——假如這工廠縮短工作時間，譬如說每星期工作三十小時，那麼在這個有擔保星期的工廠中，對這三十小時，每小時祇須付以一先令六便士，或一先令七便士半，或一先令七又四分之三便士）。

在計時工中尚須附帶述及其他各種形態。有幾種行業有一重要形態，就是把計時工人分成等級的制度——依照技巧或依照速度——有幾種形式我們也可以把它們認作一種計成績支付的制度；這在講到計成績支付時還要詳細討論。此處只須表明有一等級制在原則方面與普通計時工並無甚出入的。在各種施行標準計時工資的行業中，如建築業中的各種木匠和機器業中的裝配工人等，遇到特殊情形時，常有「額外」支付的。這些額外工資——常採取着附加在普通標準工資上的形式——是因爲過存在普通工作中毋須有的額外勞力或不便利情形而始支付的：如當工作情形不甚順利且足以損害衣服（有時訂約時規定須着特別衣服）時的「污損費」；在距地平線若干距離的高處工作時的「升高費」；在工作時的溫度高於尋常溫度時的額外支付等等。在計件工行業中也有同樣的「額外」支付，這兩者中規定可以說是標準工資概念的應用，且足以表明前此述及的計件工和計時工間之共同基礎。這同一等級制的原則也可以適用於機器工人的支付，當一個機器工人負責一架定置汽機（stationary engine）時，係用標準計時工資支付的，然當他負責超過規定馬力的汽機時，這個機器工人的工資，譬如說便應從每星期三鎊增至三鎊十先令。這種等級制度的支付方法與鐵路上信號手協定中的支付方法，並無多大區別，信號手的支付方法將在後面與性質稍異的等級制一併討論。

第四章　計件工與計成績支付

計件工有許多形式和各種名稱。「計成績支付」(payment by results)這個名辭——有時用來代替「計件工」，有時用來當作一個更綜合的名稱——是比較不確定些。爲便利計，我們可把一切支付形式，其中至少有一部分的支付係計產額而訂價的，都歸入計成績的支付。把這名辭這樣的使用，計成績支付便可包括最純粹的計件工（例如一個在家工作的女裁縫，在她把所作成的工作品交還時，便付以規定的計件工資，此處並不發生「等候時間」支付等問題）。這名辭還可包括許多支付形式，在那些支付形式是不計產額而有計時工資的擔保，且其額外工資係計產額而訂價的。此等形式的種類很多，且所得中計時工資與計件工資的比例，也各有不同。所以計成績支付的概括定義，不但可包括純粹的計件工，還可包括那些所得的大部分或一小部分係計產額而訂價的方法。於是以某一種計成績支付形式僱來的工人，常自認爲「計件工人」，以另一種計成績支付形式僱來的工人，便常自認爲「計時工人。」由於界限的不易分淸，便發生了各種實際問題。此處只須注意到這幾點，就是當這兩種工人所取得的工資有一部是計時工資時，便不易區別誰是「計件工人」和誰是「計時工人」，而關於這種區分的決定，在實際上或可成爲很重要的：例如在計件工人——或任何自認爲計件工人的工人——希望取得超過計時工資的若干百分率時，或爲「計時工人」所協定的工資的增減與爲「計件工人」協定的彼此相異時，來決定這種區別在實際上便很重要了。

計成績支付的許多形式，可有許多種的分類法。或許最便利的分類法，莫過於依大家所公認的名辭而分類；許多不同的形式，都可加入以這些名辭爲基礎的分類中。下文的討論卽係根據於下列的分類：(a)正規計件工 (straight piece-work)；(b)有時間擔保的正規計件工(straight Piece work with a time guarantee)；(c)產額津貼或獎勵津貼 (output or premium bonus)。此外也有討論到「等候時間」的支付。對於各形式的一切說明，祇涉及個別工人所適用的工資方面；團體支付制度雖也採取着相同的形式，但這制度足以引起特殊性質的問題，所以須分開來討論的。

正規計件工　工人在作畢一件指定的工作後，便可取得工資。不管作了多少件數，其工資率終是相同的。至於耗費在工作上的時間，顯然與支付是無關的。要是讀者需再加一個形容詞來更精確地描寫這種方法，他便可加上「純粹」這一名辭。我們說計件工是「正規」的，其意義就是每件的工資率是不變的。「純粹」便是表明工資中並無計時工資的性質。

上文所說並無計時工資的性質，並非就是說訂定計件工資時，不必顧及計件工人所同意的每小時的工資。計件工人所同意的每小時工資，不論是否在訂約中載明，終是工資訂約中一種最重要的形態。且舉個例來證明，如該處已爲計時工人訂定一種計時工資，那麼依照情形，計件工人所同意的計件價目，可以是平均工人計時工資的一又四分之一，一又三分之一，或一又二分之一；假使計時工人每小時的工資是一先令，一又四分之一的意義，便是該項計件價目須使平均工人每小時能取得一先令四便士。如有些行業沒有爲計時工人訂定的計時工資，其計件工資也可適用這同一原則，但是並不須定要依照上述的一先令工資，始能將一先令四便士定爲計件所得的標準。計件工資的標準或基本，有時稱作計件工的基本工資，或稱作計件工的計時工資。在商務部法令(Trade Board Act)中，曾用計件工的基本計時工資(piece-work basis time rate)這一長句來表明這概念，其意義就是指用時間的名義來表示的工資構成計件工資訂價時的基礎。

有時間擔保的正規計件工　這一支付方法與上述方法不同的地方，便是工人有計時工資的擔保。因此一個工人的計時收入便有一較低的限制，正規計件工(最純粹的形式)是沒有這種較低限制的。擔保的計時工資與前節所提及的計件工基本工資，是完全相異的。在包括機器業的許多行業中所施行的計件工，是兼具擔保的計時工資和計件工基本工資的性質的。有許多行業中所擔保的計時工資(與計件所得是無關的)，即是普通付給一個計時工人的計時工資(經團體訂約所協定的標準計時工資)——例如前節所述及的每小時一先令的計時工資。有時擔保付給一個計件工人的計時工資，要低於付給一個計時工人的計時工資，譬如說只有十便士，而計時工人卻有一先令；然有時擔保付給一個計件工人的計時工資，卻高於付給計時工人的工資。所以在正規計件工(沒有時間的擔保)中，一羣工人的所得可從十便士起到一先令十便士爲止，假如有了每小時一先令的計時工資的擔保，那麼本來每小時祇有十便士或不足一先令的計件所得的工人，每小時便可取得一先令了；這兩種方法中的計件工基本工資，可以假定為每小時一先令四便士。

在許多計件工或計成績支付的情形中，有一件重要事情，那就是等候輪班期間所支付的工資。其實際的規定則各業迥不相同。有幾種行業是沒有「等候時間」支付的。替工人方面着想，在沒有計時工資的擔保即所謂施行正規計件工時，這「等候時間」支付的規定是更為重要的。「等候時間」的支付，或可認為是使這方法與所謂純粹計件工者相異。然而除了沒有工作的供給可資利用外，這方法仍是保持着為純粹計件工的。普通「等候時間」的支付，於有關係之一班工人中，常常是劃一的計時工資。有時所支付的工資，卻是根據每個工人的平均計件工所得的。除上面所述者外，當一個計件工人祇是服役一部分的時候，這原則也可適用的——例如一個工人的當規機器總數是三架，不過他在同時只能操作兩架，遇到這類情形時，這工人從這操作者的兩架機器上取得他的計件工所得，此外，還可從第三架機器上取得「等候時間」的工資。「等候時間」支付的原則之擴充，是近來許多行業裏面工資協定上所有變遷中之一種形態。有些行業工資是由商務部來規定，商務部爲應他們的採用，曾將這原則明載於一九一八年的商務部法令中。

產額津貼和獎勵津貼　有人常以爲產額津貼與獎勵津貼是極端相異的支付方法。其實從這兩個名辭通常所適用的形式看來，產額津貼與獎勵津貼在本質上實是一種方法。進一步說，從數學的觀點上來觀察，前面剛提及的方法——有時間擔保的正規計件工——只是這普通方法的一種特殊情形而已（我們應知道這兩種方法還有許多種特殊的施行方式，其間的異同是頗爲重要的；且須注意，產額津貼用法不一，我們現在所涉及的，祇是各種產額津貼中最習見的形式罷了）。

從最通用的產額津貼看來，產額津貼這一名稱是適用於下列的支付方法：一個有每小時一先令（爲便於比較計，所以用與前此同一的標準）的計時工資擔保的工人，如其所作件數，在一指定時間內，能超過標準件數時，則此超過的每件生產品，便可取得額外工資。所以，如我們假定每天八小時中的標準產額是三十二件，那麼在八小時中生產三十二件後所再生產的生產品，其產額津貼每件可以是一便士半的計件工資；這每件的產額津貼也可以是二便士，或三便士，或依照每八小時中的生產品是三十三件，三十四件，三十五件……而變化的若干便士。在這些例證中——其可能的變化是無限止的——所須注意的便是，當付給額外生產品的計件工資是每件三便士時，這方法便與有時間擔保的正規計件工適相符合；付給標準產額——三十二件——的工資即是八小時的計時工資八先令，從計件支付方面看來，每件便有三便士（不過就是只作了三十件，也須付以八先令的）。反之，如對於八小時中所作成的第三十三件，第三十四件……每件只給以一便士半時，從計件支付方面看來，這額外計件工資（亦即產額津貼）便低於每件三便士的標準產額的工資了。

獎勵津貼這個名辭是限指一種計算方法，該法從表面上看來，是與上述的方法不同。這方法是有時間擔保的。一項特定的工作，預計須於相當時間內作畢——我們稱這種時間爲標準時間。假如某工人做某項工作所需的時間少於標準時間，那麼他可取得（a）他所需時間的計時工資，（b）在工作上所節省的每小時（即減少標準時間所得的每小時）的計時工資之分數。（b）

項所提及的分數，可以是三分之一，或二分之一，或依照所節省的時間是一小時，二小時，三小時……而變化的任何分數。雖其形式不同，然很容易察出，這種支付方法實在和剛在所述及的產額津貼法是一樣的。假如我們稱八小時爲工作的標準時間（雖則獎勵津貼普通都適用於不分成零件的整件工作，然我們仍可把這項工作假定爲三十二件），就可把前面已用過的例子來說明獎勵津貼法：如工人在六小時中作畢該項工作，他在取得這六小時的計時工資之外，還可取得所節省的兩小時的獎勵津貼。假使這獎勵津貼是他的普通計時工資的一半，那麽他取得六先令（每小時一先令，共六小時）之外，再可加上一先令（每小時六便士，共兩小時），共七先令。這就是說，他每小時的所得是一先令二便士。假如依照產額津貼法來支付這同一工人，那麽按同一速率工作，他在八小時內將生產四十二又三分之二件（六小時內生產三十二件，兩小時內生產十又三分之二件）；他取得八先令（每小時一先令，共八小時）之外，還須加上超過標準產額的十又三分之二件的工資，每件以一個半便士計，一先令四便士加八先令，共等於九先令四便士。這八小時的總額，其每小時所得也同樣是一先令二便士。當獎勵津貼爲「所節省時間之一半」時，這獎勵津貼法便可變成產額津貼法，照產額津貼法，其超過標準的生產品，每件工資恰是付給標準產額的工資從計件支付方面看來的二分之一。如這種形式的獎勵津貼法，有時又可以稱作惠爾法(Weir method)，即是哈爾塞法(Halsey method)的一種特殊應用；哈爾塞法的分數常是一個定數，與後文所述的另一種方法稱作羅文法 (Rowan method) 的有別，羅文法的分數是依產額而變化的。不論獎勵津貼是所節省時間的任何分數，讀者都可算出其相當的數目來。所須特別注意的，當工人取得所節省時間的全部工資時，這項獎勵津貼法便相當於有時間擔保的正規計件工（在某種情形中的產額津貼法，也同此情形）。

羅文獎勵津貼法也是有計時工資擔保的一種支付方法，與上述的那些方法如出一轍。其異於其他獎勵津貼法之處，便是這方法的獎勵支付（就是加在付給實際工作時間的計時工資上的津貼），並不是所節省時間的一個不變的分數；津貼可按照所節省時間的變化而變化，常是所節省時間的分數，這分數即等於以核准的時間除節省的時間。把這化成公式，假如T_1代表核准的時間（成標準時間）T_2代表所需的時間，B代表津貼（即所需時間的計時工資以外之支付），那麼——

$$B=\frac{T_2}{T_1}(T_1-T_2)$$

假使將 T_1 假定爲一百點鐘，將所需的時間（T_2）假定爲九十點鐘，八十點鐘，七十點鐘……，那麼 T_1 減 T_2 便等於十點鐘，二十點鐘，三十點鐘……，津貼B便是十點鐘，二十點鐘，三十點鐘……的百分之九十，百分之八十，百分之七十……。假使這工人節省了核准時間的百分之十（只須九十點鐘，便可作畢一百點鐘的標準計時工作），他便可得到所節省時間的百分之九十的津貼；假使他節省了核准時間的百分之二十，他便可取得所節省時間的百分之八十的津貼；依此類推下去，一直到這比率「自滅」(cutting itself)爲止，因爲當節省時間增高時（譬如說，增高到百分之九十），津貼便變成所節省時間的更小的百分率了（在節省了核准時間的百分之九十時，便只有百分之十的津貼可得）。我們也可以用下面的另一種方法來表現這原則：節省了時間的百分之X，收入便有百分之X的增加；在一百點鐘內節省了十點鐘，便須在九十點鐘的計時工資上，加上九十點鐘計時工資的百分之十（或十點鐘計時工資的百分之九十）；節省了二十點鐘，便須在八十點鐘的計時工資上，加上八十點鐘計時工資的百分之二十（或二十點鐘計時工資的百分之八十）；……節省了九十九點鐘，便須在一點鐘的計時工資上，加上一點鐘計時工資的百分之九十九（或九十九點鐘計時工資的百分之一）——要節省到恰把計時工資加倍是不可能的，因爲不能不費一些時間就可作畢工作的。

我們可把哈爾塞法與上述方法來作一比較，假如K代表一個定數（在英國普通都是二分之一），哈爾塞法便可用同一公式來表現——

$$B=K(T_1-T_2)$$

從這公式中可以看出，羅文法所給予小量節省時間的津貼，比哈爾塞法所給予的要多些。然當哈爾塞法的定數是二分之一時，卻能繼續給予所節省的時間以半數的津貼（一百點鐘中節省了四十點鐘，可得二十點鐘的津貼，一百點鐘中節省了九十點鐘，可得四十五點鐘的津貼），羅文法卻產生逐漸減小的分數（在一百點鐘中節省了四十點鐘，可得六十點鐘的百分之四十，即二十四點鐘的津貼，一百點鐘中節省了九十點鐘，可得九十點鐘的百分之十，即九點鐘的津貼）。一直到一百點鐘中節省了五十點鐘時爲止，羅文津貼——雖依漸減的津貼率而逐漸增加——所給予的津貼仍比哈爾塞法（分數爲二分之一的惠爾式）爲多；當一百點鐘中節省了五十點鐘時——或當其產額適爲標準產額的兩倍時——羅文法的津貼便與哈爾塞法（惠爾式）的津貼恰相一致，因爲兩種方法的津貼都是二十五小時。

上述各種方法的相互關係，可用簡單的圖解來表現。不過須記住，沒有一種圖解和純數學的設計如此處所用者，能給予任何支付制度以適當的說明的。我們祇能將圖解認爲缺乏血肉的骨骼。

爲便於圖解上的表現，最好把產額這名字來說獎勵津貼（前面已說明過產額津貼——從其最習見的形式看來——在原則上是與獎勵津貼相同的）。所以圖解中兩個單位的產額（一個單位是標準產額），便表示節省了核准時間的百分之五十（所需的時間是二分之一），三個單位的產額，便表示節省了核准時間的百分之六十六又三分之二（所需的時間是三分之一），四個單位便是節省了核准時間的百分之七十五（所需的時間是四分之一），……餘依此類推。在這圖解中，產額是沿着橫軸OX計算，所得則沿着縱軸OY計算。

OP_1（或R_1A）是一天八小時中的標準產額，OP_2和OP_3便是標準產額的兩倍和三倍。OR_1（或P_1A）是付給這標準的工資，譬如說是八先令；所以圖解中的A點，便代表上述任何一法的標準產額及其定額的支付。下列各線便代表各種的方法：正規計件工（並無時間的擔保）——OABC直線；有時間擔保的正規計件工——兩條直線構成的R_1ABC線；哈爾塞獎勵（或產額）津貼——其定數為二分之一——兩條直線構成的R_1ADF線；羅文獎勵（或產額）津貼——

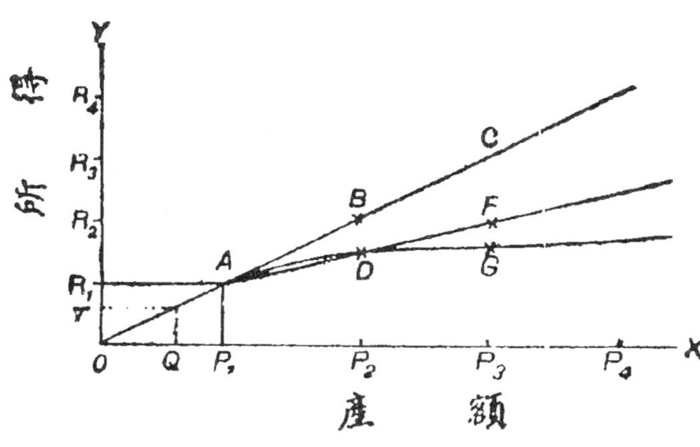

直線和曲線構成的R_1ADG線。我們在回想到前面各種方法的敍述時，便可了然爲什麼有一條線以O爲起點，而其他各線多以R_1爲起點；以R_1爲起點的諸線，是有計時工資（八小時共八先令）的擔保的，所以圖解中用來代表開始計件支付法的一點是A點，但以O爲起點的一線是沒有擔

核准時間＝8 小時

所需時間	節省時間	八小時中的產額	八小時中的所得						勞力成本，或計件工資					
			正規計件工		哈爾塞($\frac{1}{2}$)		羅文		正規計件工		哈爾塞($\frac{1}{2}$)		羅文	
			先令	便士	先令	便士	先令	便士	先令	便士	先令	便士	先令	便士
8	0	1	8	—	8	—	8	—	8	—	8	—	8	—
6	2	$1\frac{1}{3}$	10	8	9	4	10	—	8	—	7	—	7	6
4	4	2	16	—	12	—	12	—	8	—	6	—	6	—
2	6	4	32	—	20	—	14	—	8	—	5	—	3	6
1	7	8	64	—	36	—	15	—	8	—	4	6	1	$10\frac{1}{3}$

保的，如其產額少於OP_1時，其所支付的總額也將少於OR_1（例如，以OT的所得付給OQ的產額）。ADG這條曲線繼續向右方延展，漸同R_2的橫線接近，但決不會接觸；這便表示上面已說過的事實，就是要想用羅文法來取得兩倍的工資是不可能的。這圖解所表示的事實，都在三十八頁的表中用數字表明出來。

圖解中相當於數字表中第三列數字的各點是B點和D點，即是依照支付辦法拿OP_2或R_2B代表產額，拿P_2B_1和P_2D代表所得。

讀者不可根據對於這些數字的觀察，即貿然斷定各種支付制度的優劣點。任何一種制度的實際運用，都須受各種因素影響的。此處尤須注意的是，所作成的數字上的比較是假定每種制度中的核准時間（或未曾開始支付津貼前所必需的產額）都屬相同的。祇能根據這種假定，方可將各種原則加以比較；不過在實際運用時，這種假定或便不能再保持，而因核准時間的不同可有一種結果，例如同樣工作的兩個工廠，一個用哈爾塞獎勵津貼，其工人每小時的平均所得，將大過另一個用正規計件工（有時間的擔保）的工廠中工人每小時的平均所得。

計成績支付的其他形式留待下章中討論。不過產額津貼或獎勵津貼的任何不同的數目，都可依津貼率的變動而求得之，這層是很明白的。假如我們要稱這產額津貼法或獎勵津貼法爲計件工（有時間擔保），那麽爲示別於正規計件工資起見，用「漸減的計件工資」（decreasing piece rate）這一名辭是頗適當的（有時可用累減 degressive 來代替漸減）。這工資——並非所得——是隨着產額的增加而漸減的。不過這工資也可隨着產額的增加而增加。例如，超過標準產額的產額，其計件工資可以是三便士半——用前面的例子（參看三十一頁）來說，第三十三件，第三十四件，第三十五件……每件都付以三便士半；超過四十件後的產額，其計件工資或可增至四便士，或隨着產額增加而繼續升高。以獎勵津貼之用語來說，用了這些方法，工人所得的獎勵將多於所節省時間的工資。這種工資便是「漸增的計件工資」increasing piece rates（有時也可稱作累進的 progressive 計件工資）。工資和所得兩者都隨着產額而增加的這方法可用曲線或直線來在三十七頁的圖解上表現，這線須經過A點而位於ABC線之上。一切上述的方法我們均可認爲產額津貼法或獎勵津貼法，或可認爲計件工資（有時間擔保），這計件工資是隨產額的增加而漸減，或漸增，或保持不變的。不過「獎勵津貼」在實行時，多少不出前述形式——哈爾塞式和羅文式——之外的。讀者須記住津貼法的種數之多，足使精確的分類成爲不可能的工作。讀者還須記住前而提及的術語的不確定性，有幾種津貼制度，其中計件性質是這樣的微小，而且受了許多限制，這類工人我們以及他們自己均可視爲計時工人。

第五章　計成績支付法的應用

有幾項行業對於計件工或計成績支付的建立問題，以及對於所採用的特殊形式，都曾有過長期的討論，有時且致成公開的爭議，這是衆所共知的。前面關於各種形式的解釋，已表明各形式間的主要區別，在於有無時間的擔保。我們發見這區別與另一區別是相一致的——雖非完全，但可說是有連繫的。這另一區別便是有無價目表(price lists)。往往用了價目表，便沒有計時工資的擔保，不過與擔保的計時工資有別的計件工基本工資，是仍可使用的（參看二十八頁）。反之，如工作環境不時變更，雖能施行計件工而不能訂定價目表，在這情形下是常有計時工資擔保的。我們最好參看各特別行業，來觀察這些不同的應用。

價目表　簡略地下一定義，計件價目表便是一種詳列工作品件數及其相當價目——計件工資——的表，根據此表所列舉的，在工人作畢若干件數後，便須付與若干工資。有幾種行業中，價目表是僱主和工人所協定的規則和工作條件中之最明顯的要素，且有悠久的歷史。如棉紗業的計件工表，煤礦工業的煤坑表，造船業表，倫敦排字工人表，以及製鞋業表等，都是重要的例證。這些表各有不同的應用範圍。所以幾乎英國全部棉紗業（即蘭開夏 Lancashire 及其鄰近數郡的棉紗業）的數部門，都受劃一價目表的節制——即許多行號都受一種價目表或少數價目表的節制。反之，有許多行業的表卻是商號表 (shop lists)，即每家商號都有它們自己的表。用劃一表（或是適用於包括許多城市的一大區域的劃一表，或是適用於包括全部商號的一城市的劃一表）的行業與用商號表的行業間之區別，一半可由各業間技術上的不同來解釋，一半可由其他歷史上的緣由來解釋。在團體訂約還沒有發展成為規定僱主與工人間關係的主要手段之前，就早已有商號表的使用。最初的商號表是僱主與其工人訂約中的一件事，那時工人還沒有在商號會社中開始組織。這後組織日益發展，有數種行業的商號表遂為小區域表取而代之；這些小區域表又旋為較大區域表所代替。在幾種行業中，可以很清楚地看到這種歷史過程的階段：例如在棉紗業中，地方價目表已為劃一紡績價目表所代替；比較近代的例證，便是修鞋業和一部分的鎖鏈製造業，都依照商務部法令(Trade Board Acts)而採用普遍最低計件工資 general minimum piece rate。(「普遍最低計件工資」這名辭，曾爲商務部法令所採用過。它在本質上和此處所述及的劃一計件價目表是相似的。不過普遍最低計件工資係爲法律所強制執行，與自主的團體協定中所提出的計件價目是略有區別的。)不過在其他行業中，雖因團體訂約之發展，關於工資和其他事件的協定，已能施行於較大的區域，然計件價目表仍可維持其商號表的原狀；最重要的一個例證便是煤礦工業，掘煤工人或其他計件工人的價目表，仍爲它們素所習用的煤坑表。上面這例子便可以表明，爲什麼至少還有幾種行業不採用劃一表——我們迄今爲止所用的這個名辭的意義，仍是施行於一區域中的同一價目表；因爲各礦的工作境況相差甚鉅——例如煤礦工業中礦層的不同的物質形態——要訂定一種適用於全部煤礦的價目表是不可能。然而一行業中有了許多商號表，其結果可以表示很一致的。

棉紗業表　在重要工業中，棉紗業是最能完全採用計件價目表制度的。在該業中團體訂約的一種高度發展的形式，業已用心作成了好多年，且已使價目表漸趨於改善和擴充，時至今日，重要部門如紡績和織造，都已受一種劃一表或少數劃一表的節制了。所以，蘭開夏和鄰近數郡的全部織造業都施行着劃一織工表——織造素色和有色貨品的織工都可適用在同一區域（這區域差不多包括英國棉紗業的全部）中的大部分紡績業，則都受兩種表即奧爾頓表（Oldham lists）和波爾頓表（Bolton lists）的統轄，但每種表也可適用於奧爾頓或波爾頓以外的地方，其餘地方則爲一二種其他的表所統轄。棉紗業的其他部門也有劃一表，這表有時可統轄工作的全部門，有時祇統轄特殊區域的部門。雖則棉紗業中比較不重要的部門，仍有用商號表來訂定價目，然大概該業中每一部門的趨勢，都想使主要區域逐漸受制於一種價目表。

一種重要的棉紗業價目表之訂立，就是因爲在酬報方法的實行問題中遭遇着眞正的困難，所以須用非常精確的計成績支付制度來克服這些困難。這些重要的價目表是太艱深太專門了，我們只須略述其酬報方法，讀者如欲詳細研究這項題材，可以參看其他書籍，如商務部於一九一〇年所出版的團體協定報告（Report on Collective Agreements）等。這報告中有許多其他計件價目表的例子。

重要的劃一表常包括各種用法和各種情形。奧爾頓紡績表便是一個例證，該表是根據於工人在一星期中的所得總數的（即紡工和其助手——接線工人——的所得總數，助手的計時工資係歸紡工支付）。通常一個紡工運轉兩架紡機，助手的人數須視紡機的大小和其他情形而轉移。所得的基本總數則依照錠子的數目而變化——表中認運轉較大機器的工人之所得，應高於運轉較小機器的工人之所得。相當於錠子數目的所得總數，也須相當於列舉的紡車速度（即將紡車框架在一定距離上向前後拉動的速度）。紡機移動的速度較標準速度快或慢時，表中也有規定的條文。表中對於下列情形也酌加規定：因清潔而停止和意外的停止，依紡機大小而變化的落紗次數 doffing time（即取去紡就棉紗的線球的次數），損壞支數較少的棉紗等；關於額外支付，也有許多其他規定（例如線軸津貼，轉軸運轉 roller motion 的津貼，不用筒管運送人 bobbin carrier 時的津貼，用轆轤代替筒管運送人時的津貼，紡工運轉雙層紡機時的津貼，紡工紡績雙粗紗 double rovings 時的津貼等等）。紡機上都裝有自動的指示器以表明棉紗的束數。用了這個價目表，便可算出各組情形下每一千束棉紗的價目，例如，紡機有一千二百個錠子，六十三英寸的拉動（拉動就是紡車移動的長度），四英寸的轉軸運轉，四十八秒中三拉動的速度，五十四支線軸的棉紗，每架紡機須落紗十五次，以及雙粗紗的紡績，這些便合成一組情形。

我們所須敍述的祇是這表的方法而非其實際運用，所以毋須作更詳細的描寫。不過讀者須特殊注意的，就是這價目表——棉紗業的其他價目表也是如此——之所以異於許多計件工價目表，卽在於這表是一種更艱難締造的詳列工作和價目的表。有幾項計件工行業中，很易編製一種表來概括全部工作——或祇概括大部分工作，那些不列入表中的工作，將原表略加改竄卽可規定其價目。紡績業的不易制馭的情形，已爲艱難締造的複雜計算法所克服，用了這種計算法，便可算出任何一件工作品的價目；凡因素稍有些微變動，立卽與其他許多工作品相異的一件工作品，都可用這計算法算出其價目的。所以這方法是先訂定計件工基本工資，並用這表來計算許多組可能情形中，每一組情形的計件價目。其他各業的計算法是很少具有這種廣含性的。尋常各業所用的價目表，在實行時其異點常可互相遷就，或則竟不用價目表，在各種情形中須給予一定時間酬報（計件工基本工資）的計件工資，都用其他方法計算出來的，這些方法與紡績業的方法相比較，是試驗的和差誤的方法。

棉紗業中參加團體訂約的團體，都聘請技術專家來監督價目表的運用。棉紗業聯合會挑選這些專家時所出的試題，韋物的工業民主主義一書中曾援引過。這類試題也可以使我們略得理解價目表的複雜性所必需的知識。最初的價目表常須經過數年的試驗方能協定，此後復須加上許多修改，以適應機器出品和工作方法的變遷。

雖則在一個旁觀者看來，棉紗業的劃一表之最顯著的狀態，是它的精巧的專門性質——其專門與精巧的程度，非專心研究，不能開始理解其一般的形態——然這些非常複雜的價目表之所以能運用，祗因這項工作能標準化的緣故；就是能將這項工作化成單純的成分。許多差異——機器，出品等中的差異——都可分析成為單純的成分；根據這種專家所熟諳的分析價目表便可訂定以適應一切可能的各種情形。這種方法雖頗為精巧，在本質上是與其他價目表所採用的方法相同的——即詳列無數確定的工作，每項工作都適用一種價目。（讀者如欲獲得較為簡單且較易應用的價目表的例證，可參看受商務部法令統轄的各業所施行的普遍最低計件工資，例如修鞋業——D（四十）號規則鎖鏈製造業——C（二十五），刷箒製造業——M（四十七）；皮貨業——Z（二十七）；花邊業——L（十二）。O（十五）號規則——適用於製造梳棉板的針鈎眼，以及彈簧扣合具的行業——之節錄，可在附錄（參看一〇七頁）中看到，將作普遍最低計件工資的例證。）

就是在棉紗業中，酬報法方面的一切困難，還是不能用劃一表來解除。這表所做到的，祇是用劃一的基礎來確定許多關於工資施行方面的問題。這表當然還未能決定一般工資水準的問題——即工資的增減——例如紡工的要求普加工資；不過這些問題可參照表中價目而決定的，如工資的增減所採取的形式，可以是價目表百分率的百分之五的更變（譬如價目表百分率，即根據價目表基本價目的增加數從百分之九十變至百分之九十五，或變至百分之八十五）。這表也不能自動的解除價目施行方面的問題。這表雖具有非常精巧和詳細的性質，卻常須應用於可發生不同解釋的特殊情形中的；適當表的價值可由一種事實表現，即當表中發生這類困難時，工人和僱主雙方所請的技術專家，能協定怎樣方是這表的適當應用。不過遇到「劣工」或「劣料」

等情形，須將所得減少時，這表既未有自動適應方法的規定，專家也無從來協定的。所以，就是在可使工作非常標準化時，這表雖爲人類智力所能設計的最精確的產物，未必定是「愚人亦能解」的。

在大工業中，棉紗業雖具有最精確的價目表，然這些價目表在一般形態上又微有區別。普通說來，棉紗業的計件工是純粹的計件工——即沒有計時工資的擔保。反之，關於計件工基本工資或等候時間支付之規定的範圍方面，這些表又各有不同。所以，有些表比其他的表更具有純粹計件工表的性質。此處我們可連帶述及近年來織工聯合會已在運動加添規則，以保證織工在因非他所能支配的情形而「停止」—例定織機架數中一兩架織機時，可取得某種擔保的支付。譬如一個織工的常規織機架數是六架，當兩架不工作時，他只取得四架的計件所得；這種因非他所能支配的情形致使普通的計件所得減少，並無補償的支付，這織工所處的情形，是和其他的工人不同的。近來僱主也極力想採用每一織工八架織機的制度。這些要求——增加每一織工的織機架數的要求，和時間擔保的要求——可表明勞資雙方都願將這施行多年的制度，加以重大的改變。

煤坑表，最低工資　現在再講到煤礦業，我們在參看該業中致成一九一二年煤礦（最低工資）法令的各種歷史形態時，便可明瞭該業施行計件工制度之困難。煤礦業的價目表慣常都是爲煤坑或坑中煤層而訂立的。大概每一煤層中，從未明確承認所得一致的原則；在大半區域中，也未正式承認一種區域計件工基本工資。上面所提及的法令祇承認一種擔保的計時工資。現在先來討論「計件工基本工資」這個問題，只有達賴謨(Durham)和諾森伯蘭(Northumberland)兩郡是承認這名辭的，這名辭慣常是指爲全區所協定的所得之基本價目而言。在這兩郡中，「郡平均數」(county average)法已施行多年；這「郡平均數」和計件工基本工資相似之點，在於這平均數是一種變動工資表中根據這工資訂定的價目，須爲工人所同意。假如這價目實際所產生數量較平均數過高或過低時，勞資雙方都可請求覆議這價目。煤礦表是不大更改的，在僱主和工人雙方看來，重訂新表實是非常重大的事件；在沒有施行郡平均數制度的區域中，該表一經協定，便可決定一個煤坑中基本工資直至一代或幾代。有時則先協定一種預備表作爲正式表的條件，在短期終了後如有必要，便應覆議這價目。使用煤坑表時要是不參照確定的郡平均數，是將使計件所得的水準發生鉅大差異的。現在轉而討論煤礦業所採用的爲計件工人的擔保，此處須先將開始採用法定最低工資時的情形表明。計件工的礦工有時在工作時，遇到一種不能「獲得他的工資」的情形——即用過度的勞力尚不能取得煤坑中所公認的常規工資。這緣由可以「不規則情形」（如開掘煤層時遇見事前未曾料及的困難）這名稱來概括之，不過有時也是爲了運輸器具的毀損或其他緣由。歷年來各煤坑中都用各種不規定的方法以適應這類偶然事件；當傭主承認價目表不足以適應特殊情形時，他方肯支付「補償」的工資。不過因礦工的工作情形不同，這問題是頗不易處理的。自一九一二年大罷工後不久，煤礦（最低工資）法令便通過了。這法令的效果之一，便是當礦工遇到不規則情形時，他可有最低（地方）工資的擔保。法令爲計件工人所規定的地方最低工資，常是每班工人的工資總數。假如工人都能履行規則，也可將這種工資認爲擔保的計時工資。法令中規定，當「工人因不履行規則中所規定之工作的規律或效能……因而喪失權利時」可不給予最低工資（在六十七——六十八頁中，有一節根據這法令的地方判詞的引證。煤礦工業還有許多後來的工資上的變遷，此處是無須敘述的。上文與後數章中所述及的事件，其立意祇在證明其原則上的發展而已）。

機器業中的計成績支付　在機器業的計成績支付中，擔保的計時工資頗爲重要，這是爲其他工業所不及的。機器業也是許多實驗獎勵津貼制度的工業之一。至於價目表這一名辭，在機器業中就從未存在過。這些情形便是一種工業如普通機器業與另一種工業如棉紗業間的差異。棉紗業可使用劃一價目表的特徵，大概爲普通機器業——有幾部門的情形便不同些——所不具的；因爲機器工業的工作不能像棉紗業的工作那樣使其標準化。爲了這些情形，各廠便各自單獨進行計件價目（或獎勵津貼的時間——這兩者實是同一件事情）的訂約。這種訂約所根據的原則，便是所謂「相互性」（mutuality）；一九〇七年全國團體協定（這協定中也有應給予工人以計時工資擔保的規定）中，對這原則的解釋是「所支付的價目，應由僱主與工人間的相互協議來訂立之。」

在一九〇一年機器業的計件工團體協定中，尚未包括計時工資的擔保，一直到一九〇二年採用——獎勵津貼法的條件方始約定，而計時工資的支付便是其中建議之一。此處無須詳述機器業的計成績支付歷史中之全部階段。一九〇〇年到一九三〇年的一般發展情形，大概可概括爲（a）擔保的計時工資原則和「計件工基本工資原則」之確立，（b）計時工資中「計件工基本工資」的比率漸趨增加，（c）逐漸施行計成績支付的制度，（d）「相互性」制度日漸發展成爲一種更確定的商號訂約形式，與價目表漸相接近。（c）項的發展便是指工作標準化的程度之增進；（d）項便是指工會組織和團體訂約因大戰所發生的變遷，其中包括商號管帳員（shop stewards）和工廠委員會之承認等。現在我們祇須略爲討論其獎勵津貼法的使用便足。前面已有這方法的數學方面的說明。我們所感到興趣的一點，便是機器業所以施行這方法的理由完全是爲了不易訂定計件價目。有人以爲獎勵津貼法是可免除許多關於計件工方面的爭論：如是否應當減低計件價目，是否工作方法的更變足以證實有減低的必要等等。不過將獎勵津貼法加以審察後，可發見用這方法來計算，是否比計件工（有時間的擔保）較能免除關於價目訂定方面的爭論的疑問。前面業已表明過，這兩種制度在原則上實是相同的。假如將計件工（有時間的擔保）認作全部節省時間都有支付的獎勵津貼，那麼，如果平均工人所同意的計時工資爲一又三分之一，計件工與通常所謂獎勵津貼（二分之一式）的差異便是：在計件工中，一件工作計時須十二小時，平均工人在九小時中作畢該項工作；在獎勵津貼法中，這同一工作計時須十五小時，這同一工人在九小時中作畢該項工作後，應取得的工資是九小時加三小時，與計件工法同樣是十二小時。這兩種制度與純粹計件工（沒有時間的擔保）當然是不同的。這兩種制度——假如它們都根據同一的計件工基本工資——的差異，並非根本的差異；因此須注意的，就是我們可認計成績支付——包括各種有計時工資擔保的形式——爲一種制度，其必需的條件，除時間擔保之外，便是計件工基本工資的確立，以及認定價目（或津貼時間）是依工作方法的更變而變動。

雖則各種方法之原則在本質上是相同有如上述，但不能就斷定各種方法的結果，不致發生次要的差異。讀者自己可以推想每一種方法在施行時所必然產生的結果。有人將二分之一式的哈爾塞法與正規計件工相對照，以爲哈爾塞法是不公正的——因爲迅捷的工人比遲緩的工人是損失的；反之，這人如再稍加思索，便可知道——假如平均結果相同，即假如這兩種方法都係根據相同的計件工基本工資——則迅捷工人所損失的，可由他作爲遲緩工人時的所得來補償；這意思就是說，獎勵津貼可使工人對於這相同平均結果的所得更能均勻些。讀者如欲證實這論據，可把產額津貼來作例證，產額津貼——如前面之所說明——在原則上是與獎勵津貼相同的。假如計時工資是一先令，兩種計成績支付制度中三個工人的平均所得都爲一先令四便士；那麼當另兩個工人取得一先令三便士或一先令五便士時，比他們取得一先令二便士和一先令六便士時，其所得要均勻得多。前一種是產額津貼法的結果，超過每小時（以一先令支付）八件後的件數，每件均以半便士支付；後一種是正規計件工的結果，超過每小時（以一先令支付）十二件後的件數，每件以一便士支付。此處值得考慮的，並非津貼率本體，而是開始支付津貼時的限制，用獎勵津貼法的術語來說，便是核准時間。前面的圖解可以表明此處所述的一切論據。

第六章　計成績支付的其他形態：津貼的各種形式

劃一所得率的一種概念，即隱含在價目表的許多詳列的價目中。我們常發見當工作逐漸延長時，這工作的價目便漸趨下降——舉個簡單的例子，如「每英寸半便士的縫紉，其最低工資爲兩便士。」在縫紉不足四英寸時所支付的計件工資，顯然高於縫紉四英寸或不止四英寸時的計件工資，因爲不論是縫紉二英寸或是十英寸，這項工作都是須待開始的，這點便可說明其間的差異。

在幾種行業中（包括僱用家庭工人的行業），材料（或勞役）的供給問題是頗爲重要的。工人所供給材料其價值或較小，有或是這樣重要即工人的所得，常依工人所供給材料的價值而發生鉅大的差異。下列的節錄，是從錨鏈製造業施行普遍最低計件工資時所遵守的C二十五號規則中摘出的（參看四十九頁）。讀者如欲明瞭全部情形，可逕參看這規則的全文。此處我祇須表明工頭（master-men）所適用的工資是較高於工匠（journeymen）所適用的工資的。茲將節錄列出如左——

如僱主供給作坊，工具，和燃料，或甚至供給鐵，由工人供給鑪床時，在這情形下工人便適用工匠的工資。如鑪床由僱主供給，則最低工資可以減少，惟其減少總數不得超過原來工資的百分之二又二分之一。

如工人供給作坊，工具，和燃料，或這三項開支中的任何一項，鐵或由僱主供給，由工人擔任將貨品從僱主所在地運進或運出時，在這情形下工人便適用工頭的工資。如由僱主擔任往來運送，最低工資率可減少，惟其減少之總數，每擔（一百二十磅）不得超過兩便士。

各價目表對於所適用的工人之結合關係的確定，是各不相同的。所謂個別計件工，有時並非是祗有一個工人在操作。假如這一個計件工人須依賴一兩個助手的幫助，而這助手的工資須以他的所得去支付，那麼這結合關係的確定便很爲重要了。

還有一件事情值得注意的，便是不合用的，破損的，或有缺點的出品之責任問題。關於工人是否須負責有缺點的出品，或關於工人所須負責的範圍，或關於出品不合用程度的確定，各價目表是不相同的。在製鋼業中，常須「良鋼」方得支付計噸工資。在陶器業的幾個部門中，是計「離窯完好」(good from oven）的件數而支付工資的，前幾年又變遷到須「離手完好」(good from hand）方可支付工資。其他各業在價目表中或在計件工協定中，也常討論到這同性質的問題——即如何計算不良出品的支付，以及發生爭執時所採用的調解方法等。棉紗業價目表對於「劣工」的規定，前而業已述及，茲不多贅。

在計成績支付的其他形態中，下列的形態也是值得注意的：（a）每隔一定期間，譬如說兩星期，計件工須和計時工掉換（或計時工須和計件工掉換）的規則，(b)「負債餘額」(debit balances）不得逃過延期清算的規則。前一種規則在倫敦排字業中已施行多年；這規則（參看韋勃的工業民主主義）據說是在使工人能得到排字較多的工作 (lean job），且能得到排字較少的工作 (fat job)。有幾項行業中當計件工人（或獎勵津貼工人）在一特殊星期中的所得，低於他的（擔保的）計時工資時，便發生負債餘額；假如計時工資是兩鎊七先令，而依照件數或獎勵津貼的所得祇有兩鎊時，那麼這七先令的負債餘額務須在下星期中能清算（就是工人務須在下星期中多做工作以清償債額），如他在下星期中的計件所得是兩鎊十四先令時，他便祇能取得兩鎊七先令（這餘額照例是到月底或其他時期繳付的，然我們此處祇述及其原則方面）。餘額不能連週拖欠的原則之所以為人人注重，無非是為了重視計時工資的擔保之故。

計件價目所適用的各種工作條件，或是在價目表中予以確定（價目表除包括實際價目之外，普通還包括許多其他事件），或是已為該業全體所普遍知曉的。這條件可說不但為工人之防衛，且亦是僱主之安全保護的。計件價目表的運用，常不能適當地顧及生產的便利和不便利的情形。所以有時僱主常發怨言，說他們為了施行這「劃一」價目表，實受累不淺，因為這表的運用並未能區別工廠的各種形式，僱主因而提議在這種情形下的計件工資，不應用劃一表來規定，而應參照（計件工基本）計時工資來規定。再者，價目表是適用於工人們都有充分工作時，每人都運用若干架機器的。在沒有充分的工作足使全體工人完全服務時，便將發生問題了。各業在這種情形下所實施的工作條件，是各有不同的。因此各種條件所根據的原則常致背馳。有時規定須將工作分攤給各工人。有時規定須保持那些未解僱工人的足額計件工所得。在施行後一種形式的規定時，這工資不但是酬報工作的工資（計件工資），還應是一種計鐘點的工資了。有時在這種足額工資（full-rated）僱用的概念上，還可加上足期僱用（full employment）的概念，即在計件工人的協定中，規定僱用的最低時期，譬如說是一星期或兩星期。我們在前面已提及支付方法的連結着各種的規則或習慣，在觀察那個僱用條件時，也必須計及這類規則或習慣的。有幾種行業規定當一個工人解僱時——如不在前一晚通知他無須工作——應付以半天或其他時期的工資。

我們在各種工業的工資制度中所發見的各異形態，都具有歷史上的重要性的。關於若干種工業中支付方法的發展，業已在前面提及過了。現在來敘述有幾種工業的工資支付中許多次要的形態時，也必須注意到該工業長期間的技術上之變遷的。這可由陶器業和希菲爾特（Sheffield）的利器鑄造業來證實。陶器業一直到前數年為止，其酬報制度（大半是個別的或團體的計件工）都是這樣的，就是工資常須經過各種的「扣除」而後成為實際工資。在許多例證中，這種「扣除」都是與工作方法或僱用方法的變遷有關係的。陶器業有一個時期是家庭工業。嗣後規模稍大的僱主開始僱用小生產者，供給他們的作坊和原料。這小生產者再繼續招雇他自己的助手。他對於各種必需品如燈等也須供給的。自組織中發生其他變遷後，便由工廠僱主供給煤氣燈——代替從前工頭所供給的蠟燭——工人也便須從他們的計件價目中酌給「補助費」，譬如每二十打的件數須補助六便士。在遇到其他各種情形時——如僱主供給不是粗坯的工作品，供給已經揑好的陶土，供給洗刷等等的執役——計件價目也須作相類的改動以適合這種變遷，這類「扣除」有時所依照而變化的情形是無關於眞正成本的，例如煤氣燈的扣除，雖則所用的煤氣量並無差別，然男工的扣除常高於女工的扣除。

在希菲爾特的利器鑄造業中，工業組織的不同，也反映於計件價目表的差異，以及工人為使用工房工具等所須付出的費用，該業的工作在初原還沒有在工廠中，只是在工人家中或分散的工房中進行的，雖則現在工廠生產已大量的增加，然仍可以發見這種初期的組織形式。工人常在工廠中租賃了工作場所，或單為工廠主工作，或一部分為工廠主工作，一部分為外面的僱主工作，或單爲外面的僱主工作，所以計件價目表也須受各種補助費的節制，以適合不同的情形。

相互關係：副契約（sub-contract）前面已提及一個計時工人與一個計件工人間區別之不易劃分。當一個計件工人須計時工人幫助時，便發生與這項困難有連帶關係的問題。這計時工人可以要求一種依各業情形而變化的支付，因爲計件工人的計件工速度實足以加快他的工作。有幾項行業是承認這種加快的，且設法用計時工資的附加工資來酬報這計時工人。這酬報所採取的形式或是計時工資的附加工資——即所支付的計時工資高於尋常計時工人的工資——或是根據計件工人所得百分率的附加工資。再者，雖則助手由行號方面來支付其計時工資，習慣上計件工人每星期常須由他的計件工所得中再酌給若干。這一類的各種不規則支付，仍可在許多行業中發見。

這助手也可由計件工人來支付的不過各工業的普遍趨勢是排斥這副契約制度的；一切工資的支付都須「經過行號」（即由僱用計件工人和他的助手的行號來支付），已漸成普通的辦法了。在助手仍由計件工人來支付的地方，因團體規定之擴張，也已使這支付的工資成爲劃一的最低工資。這助手的工資或是計時工資，或是計件工資。如訂定計件工資的方法時，這協定便變成團體計件工協定之一了。在屬於同一團體的工人間，也可發見這兩種方法同時運用——例如在鋼鐵工業中，團體中大部分工人依照確定的比例而分配「總括」(lump)計件價目，同時團體中的主要工人再負責支付助手的計時工資。

關於副契約的特殊發展，是頗饒興趣的，如從「計件工」制度（分承攬人 sub-contractor 便是計件工人）變遷到計時工制度，或變遷到計件工的更普遍的形式等。在建築業中，計時工是團體協定的支付方法中最習見的形式。所協定的工資都是計鐘點的工資。有時也協定不得施行「計件工。」這不得施行的計件工，便是此處所提及的「祇限於勞動方面的計件工。」這制度便是僱主根據一種契約或計件價目而僱用一個工匠（譬如說是一個泥水匠），他擔任供給完成該項工程的一部分所需的勞動；材料等則由僱主供給；這分承攬人的工匠（計件工人）再僱用以計時工資來支付的其他工人。我們知道工人之所以反對這制度的理由，便是因爲在僱主與工人中間有另一種工人的存在，這工人的利益便在於引誘他們以計件工的速度勞動，而支付給他們的卻只是計時工資。在煤礦工業中有一時期也頗盛行一種相類的方法——就是所謂「包工開礦制」(butty system)。這「包工開煤礦者」依契約須在一處開採——有一時期甚至開採全部煤坑——且得僱用他的日薪工人。有幾種工業如煤鋼鐵等工業中，副契約制度已逐漸向着現在流行的計件工(團體計件工或產額津貼法)而推移。在仍舊繼續施行副契約制度的地方也已有改革，就是分承攬人所支付的工資，現在都須在團體協定中予以規定了。

在工業各部門中，包括蘭開夏的一部分棉織業在內，「佣裝制度」(poundage system)也可用來作爲一種支付方法。凡負責監督織機運轉的織機監督員，全數或一部份也可根據織工計件工所得的百分率來支付的。大戰期間的軍需工業，就曾採用過這方法——那時配置機器或監督機器運轉的熟練工程師，都是用計時工資僱來的，而運轉機器的不熟練計件工人的工資卻很高，所以須採用這方法來解決這種特殊問題。不過這類方法在大戰時發生特殊問題之前就已存在，且因須適應特殊情形並包括各種的原則，所以其種類實爲繁多，頗不易敘述。然來說明一種混合着不同原則的制度怎樣會引起許多困難問題，是頗具有一般興趣的。且把假定的情形來作例子，譬如訂定X架的機器作爲每個監督員應管理的標準架數。在支付這監督員的津貼時——這津貼常附加在計時工資上的——其計算方法如下：（a）根據在他管理下工人所得的百分之Y；（b）超出標準架數後管理每架機器所應支付的百分之Z。管理的機器架數增加後雖可取得較高的佣費，然也須受限制的，因爲當監督員負責管理的機器架數逐漸增加時，津貼所根據的工人之所得便開始下降。讀者可依照超過標準架數後逐漸上昇的架數，以及工人的不同產額，來算出監督員的最高限度的酬報額。不過須注意，這最高額決非工人的最高酬報額。這制度對於有關係的人適當與否的問題，便全仗各團體的訂約力量，此處我們無須直接涉及這項論題。讀者只須知道在上面所述的這類制度中，一個監督員所實際管理的機器架數，是須依賴工人的訂約力量爲轉移的，工人迫於他們的機器需要適當的監督，可使每個監督員的機器架數低於與監督員最有利的架數。

現在且徵引已故南約克郡地方聯合會（South Yorkshire Joint District Board）主席喀拉克爵士（Sir Edward Clarke）的補充仲裁判斷，以證明本章中所討論的一種問題，這聯合會是在一九一二年煤礦（最低工資）法令下組織起來的。這聯合會的規則規定，任何須加以解釋的問題，可逕諮詢主席，他的判斷便是最後的判斷。在一九一二年九月間，有兩個問題呈候判斷，其中一個問題是——

遇到一個計件工的掘煤工人以超過運煤夫最低工資的日薪付給他所僱用的運煤夫之際，當掘煤工人要求將他自己的所得補足他的最低工資時，他是否有權將付給運煤夫的總額減少，假如掘煤工人和運煤夫共同分配計件工的所得已成爲習慣，則他們每人是否都有權要求爲掘煤工人訂定的最低工資六先令九便士。

喀拉克爵士對於這問題的仲裁判斷如下——

這第一個問題確非須解釋規則的問題，因爲這是很明顯的。第四條規則上載明：「在確定掘煤工人或他們的工手的所得，從他們的總收得中扣除付給運煤夫裝煤夫的工資，不應超過這批工人的最低工資在一先令以上的。」

有人授意我，說這規則和工資對於煤礦法令將是越權的（ultra vires），雖則我並無權力根據這理由來修改這規則，然我以爲不妨將這問題加以充分的討論。

在仔細考慮之後，我以爲這規則並非越權的，而是合理的和適當的規則。

要把一種訂立最低日薪的法令適合於計件工支付制度，無疑義是很困難的。運煤夫在掘煤工人所得總額中應支取的比例，並無普遍的常例或習慣。且自最低工資法令通過和工資訂定後，沒有一個掘煤工人能將低於五先令九便士一天的最低工資的日薪，去付給他所僱用的運煤夫。但是據說掘煤工人常以高於最低工資的工資——有時一天有七先令或八先令——付給他們慣與工作的有經驗運煤夫，這種運煤夫幫助掘煤工人所作的一切工作，平常的運煤夫是難望勝任的。這種情形顯然是予煤礦主有利，所以我在規定工資時，對於僱主的這種提議，就是掘煤工人在要求最低工資時，只准他將付給運煤夫的工資減低到五先令九便士的最低額，我就竭力加以反對。在我看來所認爲不公平的，即當掘煤工人要求最低工資時，他可不待僱主的同意，以較高的工資付給他的運煤夫，並要求這支付額須從他自己的所得中減去。

我想，現在還依舊這樣想，這規則是很公正的。

假如掘煤工人付給運煤夫的不是一種計日工資，而是計件工所得中的一部分，假如掘煤工人僱用的這個運煤夫幫助他所作的工作，不是平常的運煤夫所得勝任，則共同分配計件工所得，並不能使運煤夫超出他所屬的等級，也不能使他得到較多於五先令九便士的工資。

津貼的各種形式　此處所用的「津貼」(bonus)這名辭，是表明除前述支付形式外之各種支付的。這名辭有一個時期普通都是適用於恩給支付(ex gratia payments)，但現在的用法，多半是指工資的一部分，這一部分的工資也和其他部分的工資相同，是由訂約來決定的。這名辭的其他用法，如表明工資中的戰事墊款(War advances)，並不在本文範圍之內。

守時津貼(timekeeping bonus)是一種特別支付，當工人所履行具備守時的條件時，便可在計時或計件的工資外，再取得這種守時津貼。這種津貼的形式平時不大常見，但在大戰期間，曾施行過許多種的守時津貼制度。在普通工資外所以還要有守時津貼的規定，無非是誘導工人遵守時間——這津貼與不守時的罰金適成對照。有人常常抗辯，以為僱主藉口不守時間而阻止守時津貼的支付，即可用來作為扣除工資的一種手段。內務部分科委員會在討論物品工資法令

(Truck Acts)的報告中（參看十一章），會涉及獎勵守時和守紀律而支付的津貼之種種問題。

「效能津貼」(efficiency bonus)這名辭適用於一種支付方法，在這方法中，計時工資的附加工資並非依產額的數量而計算（即不依照衡量而計算），而是依產額的性質而計算的。在製煉業或化學業的支付形式中，有時包括一種依出品純分而變化（即依照出品成分的百分率而計算）的津貼。這津貼的支付可有兩種變化——一種是數量，一種是性質；或者換句話說，就是產額津貼的普通形式，另受性質因素的限制罷了。電車司機人也適用一種類似的原則，當他們節省了電流時，便可在工資外再取得一種津貼。電車司機人或馬車夫在沒有發生意外災禍時，還可取得另一種的附加工資——即「免除意外」(freedom from accidents)的津貼。

「佣錢」(commission)這名辭包括許多種的支付，有幾種支付和前面述及的產額津貼形式是不大容易分辨清楚的。然這名辭普通都用來表明根據定貨或出售的價值而計算之支付。在遞送業中，所支付的佣錢是附加在計時工資上的。有時這佣錢的總數是根據某一期間所增加的營業，如一個送牛奶人得到一張載明終止時期的新定單。還有許多種方法，其佣錢須依定單上的定額和期限兩者而決定的。

「獎金津貼」(prize bonus) 這名辭適用於一種特別支付，當一個計件工人（或一個計件工團體）在某一星期中生產最高數的產額時，便可取得這種津貼。不過這種支付形式現在是不常見了。

有時工資中常有各種的扣除（參看十一章）。戰時津貼制度(War-time bonus scheme)會爲下列各種過失規定罰金，這制度是爲一種工廠委員會所管理，且曾載在一九一七年出版的工廠委員會報告(Report on Works Committees)中——

（a）抗命，或口出無禮言語。

（b）故意的疏忽和任意破壞。

（c）不注意登錄貨品通知書，工作時間卡片(time cards)，以及工作時間記錄表。

（d）浪費工具和原料。

（e）藉時常告假，怠工，假裝如廁等來浪費時間。

（f）拒絕合理的延長工作時間的請求。

讀者在考察這時期所採取的各種例子時，應記住大戰的幾年是不能視作表率的。有許多規則和習慣那時都臨時停止，且施行的各種方法也較平時更多。

第七章　團體支付制度

有幾種行業中因支付方法之發展，副契約制度已爲團體計件工制度或團體產額津貼制度所代替了。計算一個團體的產額是容易的，但計算各工人的產額便不容易。所以計成績支付的意義，常是一個團體依這方法而支付；在過去，便是將計件工資付給一個分承攬人（他再負責支付其他工人的計時工資）。

團體計成績支付有許多種的形式，我們是無須從數學方面來觀察這些形式的。團體計成績支付的工資，或是一種正規計件工資，或是一種變化的計件工資（前面在述及個別計件工時已說明過）；各時期所曾經試驗過的形式，也包括有獎勵津貼法。各形式間的差異，或在於究是多數或是少數工人，是在團體支付制度之下參加共同生產，或在於分配共同所得時，有許多不同的方法。從副契約或煤礦包工制起，迄於團體契約爲止，我們在其間可以列出一大批不同的形式。此處所說的團體契約是這樣一種的制度，就是一個工廠中的全體工人集合成一個團體（經過一個工廠委員會或其他相類組織），以訂立工作契約，他們依契約價目的所得，再共同分配。這種完備形式的團體契約是罕見的——不過近年來工會界頗贊成這種形式，且有時視為表示工業關係中一種趨勢——但是不甚完備的形式，也具有相同的形態。

在鋼鐵業，陶器業，以及約克郡（Yorkshire）的染色業中，可以發見比較純正的例證來說明團體計件工。這幾種行業在應用這制度時，先訂定工作的計件價目，工人再依照計時工資和工作鐘點來分配共同所得；在這計件工的團體中，工人的技能年齡等各不相同，所以須將各工人的計時工資訂成不同的等級，這計時工資和工作時間，是決定計件所得的比例的。有時共同計件價目所得的分配，是用百分率來表明的，例如A級一人得百分之三十，B級一人得百分之二十，C級兩人各得百分之十五，D級二人各得百分之十。

這制度是有不計產額的計時工資擔保的，所以這制度是一種有時間擔保的團體計件工。至於個別計成績支付制度中的其他形態——如計件工基本工資，等候時間支付——是否構成團體制度的一部分，那是沒有一定的。有時一個工廠中的不同的生產品，也可適用這團體計件工的同一原則；先將各種形式的產額化成一個公分母——如將生產品X算成三，生產品Y算成二——再訂定一種標準產額。凡超過這標準的產額，須依照比例而給予額外工資。所以產額津貼法——其計件工資依產額而變化——可代替正規計件工而適用於一個團體，或全部工廠。

何種等級的工人可取得計件工所得的問題，前面在敍述計時工人幫助計件工人時已提及過。這問題足以影響到個別制度，且亦足以影響到團體制度。造船廠帽釘部分的工人，可分成三種等級——釘帽釘工人，助手和苦力，他們所習用的支付方法，便是助手以計時工資支付，其他兩種等級的工人則依照協定的比例而分配計件工資。

在大戰期間有一種顯明的趨勢，就是將計成績支付制度的範圍加以擴大，使各種「不生產者」（可以更確當地稱作「間接生產者」）——各監工人員，助手，普通工人等——也得適用這制度。有幾種工業在戰前和戰後，也永久保持着這同一趨勢。通常在生產者——即直接生產或製造貨品的工人——以計成績支付形式支付的工業中，所謂「不生產者」都純粹是計時工人。

自將計成績支付制度擴充後，這些「不生產者」便可依這種方法來取得他們的工資。就是在計時工資之外，再支付一種產額津貼——譬如說，這津貼可以是根據超過規定標準的全工廠產額的一種計時工資。我們對這類方法所感着興趣的地方，便是「不生產者」之所以能適用計成績支付（雖則適用的程度和生產者並不相同），全因他們的工作對於整個工廠有深切的關係，他們的勞力雖不能依產額計算，卻可依一般的效能來計算的。這方法自然可以與其他適應辦法，適用於全部工廠或工廠的一部分時，當出品比較的簡單和易於計算時，這方法的適用性將更爲增高。

間接生產者（「不生產者」）所適用的津貼，有各種的計算方法——或根據工廠或工廠一部份的產額或根據直接生產者的總收入或津貼；或根據混合着各種原則的其他方法。至於「間接」生產者應用計成績支付制度時所採取的各種更精巧的形式，讀者是易於想像而得的。讀者須記住我們此處所討論的方法，是在前面討論「相互關係」（參看六十三頁）時已提及過的方法。因各業和各行號的情形不同且時常變遷，所以這類方法的施行，絕非如我們作概括敘述時所述的這樣簡單。讀者還須注意，團體的制度和其他不能肯定稱作團體的制度間之界限，是不易劃分清楚的。一個工人的支付在表面上是屬於個別性質的，但多少含有根據團體產額而計算的成分。

在「間接生產者」這一名辭下，可包括各種等級；不過其間亦有區別的，有一種間接生產者對於生產者（計件工人）是站在幫助的和附屬的地位，有一種間接生產者對於生產者是站在上司的地位。關於後者的例子，可參看七十頁中「佣裝制度」的一節。

用計件所得來支付的集合團體，可包括各班輪值的工人。鋼鐵工業的各種工作程序中，便適用這種情形。在連續程序（晚間和日間）的工作中，施行計成績支付的唯一方法，便是各班工人均分所得。有幾處值雙班的煤坑中，第一班的礦工可和在同一地點工作的第二班礦工共同分配所得，已成爲一種習慣。在諾森伯蘭（Northumberland）和德爾蘭（Durham）兩處的煤坑中，這「共同分配」（mutual sharing）可使每人得到更多的產額（因爲礦工離開他們的工作地時，能秩序井然，也有利益可得），在其他值雙班的區域中，是沒有這種習慣的（讀者可參看 J.

W. F. Rowe 的煤工業中之工資 Wages in the Coal Industry 一書，關於煤礦工業中的各種工資支付制度以及決定這類制度的習慣方面，這書都有極有價值的討論）。諾森伯蘭和德爾蘭兩處習用已久的抽籤（labelling）習慣，此處也須附帶述及。由抽籤來分配計件工礦工的工作場所，這習慣實是一種不甚公正的方法。隔了一定的時期（通常是一季），礦工便須憑「命運」來決定好的或壞的工作場所。有人頗反對這種方法，因爲不謹慎的礦工當每季將終時，往往不能把他們的工作場所保持得井然有序，這種損害都是因每季換班而引起的。這方法與同區域中所施行的「共同分配」的方法，是相差遠甚的。

雖則這兩種方法都極饒興味，有時且可望它們成爲解決工資問題的一種方法，然在許多行業中，團體制度決不能像個別計件工或計成績支付的各種形式那般地鼓勵。採用團體制度的嘗試的企圖也有過好幾次，但有時是失敗了，因爲較快的工人都不滿意這結果，緣這結果並不能依照他們的速度來酬報他們。關於這一層，一個工會會員對於分配制度的批評（全文載在 J. W. F. Rowe 的煤工業中之工資一書中）是值得注意的（關於其中提及的煤礦包工制，可參看六十五頁）：「許多從前的包工開煤礦者，至今尚在眷戀於那種制度的美味，而礦主因為這許多包工者都是暴漢，說客氣些，因為他們都會極力督工，都會強制加速工作的速度，所以僱主也頗慫恿那種制度。雖則我是偏護「全體分配」制度的，不過我必須承認，這制度是會減低全體平均效能使與最劣等工人相等的。」團體制度有時亦為人贊成，其理由是個別計件工不能促進工人間休戚相關的感覺。

第八章　等級制

在本書前數章中，讀者諒已注意到支持計時工和計件工的共同基礎。隨着團體訂約的擴張，較計時工人基本工資爲高的計件工基本工資之原則，也更爲人確認。讀者也已注意到，以劃一計時工資支付的工人，並不定須取得劃一的酬報——在工資支付須顧到工作的便利和不便利的場合中，工人的所得尤其不易一致。不過以標準計時工資支付的計時工人之所得，要比以標準計件工資支付的計件工人之所得略趨一致些。前面已提及幾個簡單例子，它們曾嘗試過把同一部門的工人分成許多等級，使各級的計時工資，略能與工作能力的差異相符合。我們現在還可舉出許多其他的例證。這些不同的等級制，大概不出這三種範疇：（a）有些情形依照個人的速度（即根據計件工的原則）來訂定計時工資，（b）依照個人技能的資格來訂定計時工資，（c）在各計時工人須擔任各組不同工作的復雜組織中，將這工作「記分」（marked），以便估定適合各組不同情形的計時工資。適用這各種等級的工人，有時是計件工人，有時是計時工人，有時雖是計時工人，然在規定其計時工資時，又須根據這工人的作品數量的。

在木工業和木器製造業的幾個部門中，可以發見根據各工人速度的計時工資的實例。此處祇須舉一個例子便足。在這例子中，由團體協定一種劃一的計時工資，作爲普通最低工資。各成年工人的工資，通常都超過這計時工資——譬如說，依照各工人的能力，這超過的數目每小時可以是三便士或六便士。各工人工作均是適用，直到過着詰難說是已比其平均的工作成績，過高，或過低。這種「能力工錢」(ability money)的支付，是從以前曾流行過的包工制中所產生出來的。這類支付雖屬一種計時的支付，然其中很明顯的含有計件工原則的成分。

在中部一帶的各種行業（包括銅器業在內），依照工人的資格（或各工人的效能）而將計時工人分成等級，是一種很顯著的形態。這種等級制和許多計時工行業中工資標準化的普通原則不同的地方；在於這等級制對於同一部門工人的若干等級，及其相當的若干計時工資，都有明確的規定。在同地其他各業中經團體協定的標準計時工資，通常都屬一種劃一工資。如在建築業中，各泥水匠雖可取得較高的工資，雖也可取得特別工作的「額外工資，」然在團體訂約中，並未依照泥水匠的資格而分成A，B，C，D等的等級（然各業除正式成年工人之外，都為其他各級工人——習業生，學徒，非正式工人等——規定特殊的工資；在鐵路和公用事業等計時工業中，正式工人的工資也可以因服務時期之長短而發生差異）。不過在伯明罕（Birmingham）的銅器業中，把工人分成若干等級已成為一種原則。這制度在銅器業中已施行多年，大家都公認這大半是已故全國銅匠協會秘書台維斯（W. J. Davis）的功績。這制度的一般特徵，參看下文的細則即可明瞭。至於更詳細的說明，讀者可參考陶萊（W. A. Dalley）的台維斯傳（The Life Story of W. J. Davis），或參考柯爾(G. D. H. Cole)的工資之支付（The Payment of Wages）。此處述及的細則是從戰前所施行的制度中摘出的；嗣後雖已有更改，然仍不致影響這制度的主要原則。這七種等級便是大家知道的黃，青，褐，藍等等級——每個工會會員的會員證上，都貼着這適當顏色的標記。任何一種等級所必具的資格便是年齡和經驗（例如二十一歲的年齡，三年，四年，或六年的工作經驗）；其他的資格列舉如下——「用自己的冶爐工作，並鑄印背通淺刻出品的鑄工」（假如有二十一歲的年齡和三年的資格，便適用青色級）；「用自己的冶爐工作，並鑄印深刻出品的鑄工」（假如有二十一歲的年齡和四年的經驗，便適用褐色級）；「能擔任一切深刻或淺刻金屬的鑄工」（假如有二十一歲的年齡和六年的經驗，便適用藍色級）。其他各種專門工人——整理工人，磨擦工人，浸水工人，磨光工人，雕刻工人，修整工人，和配合工人——也都可適用這七種等級，這各種等級也如同鑄印工人的情形一樣，須由各種資格來決定，例如磨擦工人適用藍色級時，須「能擔任青色級和褐色級工作中的一切高級手續，並能擔任金剛砂磨輪和檢驗工作。」

這等級是由公會來實行的；並作準備使工人適合於較高等級的資格；及應付僱主將各工人這樣的來分成等級的反對。我們知道劃分等級所根據的資格，並非純粹是專門的資格——「只要這工人的普通效能足以擔任一種專門工作時，他便可成為銅器業各等級中的一分子，以取得酬報」（台維斯傳）。所以我們或將銅器業的等級制度認為團體協定計時工資的普通方法的更替品，或將它認為這方法的進一步的發展，均無不可；前面已指出，常可在標準計時工資上加上特別工作的「額外工資」（這「額外工資」有時經團體協定，有時由習慣決定），而銅器業的等級制，不過是這方法的一種更精巧的運用而已；反之，台維斯卻認爲等級制是標準計時工資概念的一種更替品。爲他作傳的人曾聲稱：「在工業組織中最爲台維斯所憎恨的東西，或許莫過於忽視個人成績和能力的標準工資了。」

這同一原則也爲其他各業所採用。不過有幾種行業在施行這原則時，是混合着木器製造業所使用的原則的——即在各種依「資格」而劃分的等級中，再根據「數量」或計件工基礎而劃分等級。

第三種的等級制，可由鐵路信號手（signalmen）所適用的工資制度來證實。這制度規定爲每座信號崗亭訂價的辦法。每一類工作和職務的分數，都在這協定的制度中予以派定；譬如當火車經過時，扳動一根槓桿是幾分，使這槓桿復原位是幾分，用旋輪等啓柵門是幾分，傳達信號和洗擦信號燈等是幾分。爲各類工作所規定的分數，都是最低分數。查核信號手每小時的平均分數，即係根據這類派定的分數。分數的平均數須受各種變化的節制，如遇到崗亭中同時有兩個或兩個以上的信號手負責時，分數的百分率便須與人數同比例的增加。故後一小時所得的平均分數，便可決定這信號尙享所屬的等級，這等級共有七種，每種等級都與七級星期工資中的一種相適合（在 Margaret Pollock 所編輯的工作日 Working Days 一書中，有一個信號手對於這制度的敍述）。讀者如欲硏究別種等級制度，以與信號手所適用的那種制度相對照，可參看全國郵政工人聯合會所出版的郵政年鑑（The Post Year Book）。一九二五——二六年刊行的年鑑中，有關於看管人（caretaker）支付制度的敍述，這種制度（在郵政服役中）「或許是最復雜的等級制了。」

第九章　科學管理法

計成績支付中最普通的方法，或許就是個別正規計件工（不論有無時間擔保和其他條件）。有時也有人主張用各種「科學管理法」(scientific management) 來代替這類計件工和前述的津貼法。這名辭——科學管理法——於十九世紀末葉起源於美國，是適用於各種工業管理法的名辭。在各科學管理專家所發明的制度裏，某種特殊的酬報方法亦為其中一部份，這些方法是建立在用科學方法來訂定其價目的基礎上面。這些專家以為普通支付方法的基礎都是非科學的，大都是臆測出來的；所以其必然的結果，便是勞資雙方再三發生談判，工人努力想提高工資，僱主卻企圖減低工資，終於工人以「怠工」來反抗「減低工資」，在採用科學管理法的工業中，是比較不易發生這種抗爭的情勢的。

不過訂定價目的方法與酬報的方法是有區別的。訂定價目的方法——這方法可以和任何一種支付制度相並使用——是對每項工作精密研究後所產生的；這研究的主要方法，便是所謂時間（time）的研究與動作（motion）的研究。

時間研究的本質，便是由一個工資訂定專家將一件工作分成各種連續動作，再紀錄每一連續動作所必須的時間。動作研究便是觀察工人在進行一件工作的各種動作，設法使浪費的動作得以消滅，工具得以適宜使用等等。有人斷定採用這些方法後——此處毋庸說明其詳情——所規定的價目與時間，便不致引起工資的減低；就是當工作方法發生變革，須將工資更動時，工資的更動也恰能與方法的變革適相符合。

各科學管理家所發明的支付方法常常變異，以在美國之科學化管理者為尤甚。茲將兩種比較著名的美國方法的性質略為表明。

「差別計件工資制度」(differential piece-rate system)係其首創人泰勒(Frederick W. Taylor)氏所發明，他是被人公認為科學管理法的鼻祖者。在這制度中每項工作都有兩種不同的計件工資，其中一種工資要較另一種工資為高；產額的標準率是預先訂定的，如工人達到或超過這標準產額時，他便有權取得較高的工資。至於計時工資的擔保是沒有的。工人在達到一定數產額時，計件工資便可陡然增高——譬如說從每件十便士增高到每件十四便士——其立意無非想淘汰不稱職的情形；因為高工資的刺激（達到一定數的產額後，工資便會增高），完全是促成工人的更能稱職的。

另一種的美國制度——岡得（Gantt）的派工津貼制度（task and bonus system）——在原則上祇有一點與泰勒氏的差別計件工資制度不同；就是在工人不能達到指定的標準產額，譬如說祇達到四分之三時，便有一種計時工資的擔保。在工人完全達到標準產額時，計件工資便陡然增高，一如泰勒氏的制度。

至於英國工業方面所採用的科學管理法，大概不出上述的兩種標準形式之外，其他形式則尚屬少見。

在英美兩國，對於用時間研究和動作研究的方法來訂定產額和價目的標準，都曾發生過不少的爭辯，這爭辯又引起了這類方法對於各業的適用程度的問題。智識的科學基礎誠然須使其儘可能的明確和精當的。有人常根據這一理由來批評美國的科學管理法——就是所得的效果並不能完全歸功於這項特殊的支付方法。對支付方法爲眞正的科學的研究，可說是發端於近代的工業心理（industrial psychology）的研究的。

要用試驗來決定各種支付制度的比較產額效果，必須所比較的之中，其他條件——工人的類別，工作的環境等等——儘可能的相同。只有在其他條件相同時，方可將這效果完全歸功於該項支付方法。近來對於工業心理的研究，已用科學的測驗發見工人日常生活（在工場內和工場外）的影響，可對支付方法的影響起正作用或反作用的。佛羅倫司（Sargant Florence）教授在他的勞働經濟學（Economics of Fatigue and Unrest）一書中聲稱，關於各種計成績支付形式的特徵，科學研究尙未能存有價値的貢獻。

有人常主張公正的計件工資應是漸增的或遞增的計件工資，其理由一半與延長工作時間須支付較高工資所根據的緣由相同——卽產額逐漸增加，工人的疲勞困倦也逐漸增高——一半是因爲可節省僱主的雜項開支。然前面已表明過，計件工資在實際上可以是不變的，漸減的，或漸增的來表彰適各種形式是必須的，但由試驗所得的結果，還未能將其產額方面的相互特徵昭示我們。在試驗一種酬報制度的產額效果時，有幾點是值得注意的。假如一大羣工人中各工人的產額間的差異，祇是依賴個人能力的不同，而每一個工人又都盡力工作，那麼如用曲線圖來表示各人的產額，這曲線便相近於「常態差誤」(normal error)曲線（一種「捲邊帽子」的常態差誤曲線，也可用來表明其他變量的分配，例如關於高度方面，大多數的人都分配於一種標準或最普通的常態高度的左右，較高的或較低的高度便在這標準的兩旁對稱地排列下去。一九〇六年關於棉紗業男紡工的工資戶口調查 Wage Census，可用來繪成一種相近於常態曲線 normal curve 的曲線圖；工人的一星期所得及其相當的人數有如下列：在二十五先令以下的，六十七人；二十五先令到三十先令的，一百八十五人；三十先令到三十五先令的，三百五十七人；三十五先令到四十先令的，八百七十一人；四十先令到四十五先令的，一千五百二十五人；四十五先令到五十先令的，一千一百八十五人；五十先令到五十五先令的，六百八十三人；五十五先令到六十先令的，二百二十四人；超過六十先令的，一百十五人）。在研究許多行業的計件工人的實際產額時，常可繪成這類的曲線。反之，並不能根據工人以計成績支付制度來支付的這唯一事實，就斷定產額將採取常態差誤曲線的形式。計件工人的工作環境各有不同，產額比率依賴工人的才能和精力的程度也各有不同。假如才能和精力方面的差異影響很小——如速度爲機器限定時——產額的分配便不能像手工業產額那般地分配的廣闊，因爲手工業的工作速度大半是依賴工作者的。我們可以把一架機器的速度運轉到最高點，達到這最高點後，如再要使這機器加速運轉，那麽這種努力便是白費的。所以工人因支付制度或其他原故的關係，在達到一定量的產額時，便不甚努力工作了。由於這類影響的作用，產額分配曲線的分配全域（range of distribution）便漸趨狹仄，且與常態形式漸相背離。

讀者如願參看計成績支付的各種分配，可參閱佛羅倫斯博士所著的勞働經濟學（Economics of Fatigue and Unrest）（二五三——五九頁）。波萊（A. Z. Bowley）教授在他的社會現象之觀察（The Measurement of Social Phenomena）一書中，對棉紗業中男紡工和女職工的所得分配接近於常態差誤曲線，頗加以注意。羅文（W. Rowan Thomson）在其所著獎勵津貼制度(The Premium Bonus System)中，供給許多最初採用羅文獎勵津貼法工廠的工人所得的數字；這些數字提示一種分配，如支付方法(有時間擔保的漸減的計件工資)根據前面的理由可望產生的分配一樣，不過是否即因這理由而致此，那是無從證明了。

因工業心理研究的進步，可望產生許多有價值的試驗結果。這問題在提及同類別的計件工人時已加以討論過，不過在一個複雜組織中因不同類別工人間的反應頗為重要，所以最適當酬報法的選擇實是一個複雜的問題，或許非一個簡單答案所得解決的。再者，如將這兩種研究形式——工業心理的測驗和歷史的探討——綜合起來時，或更可產生優良的結果；經過這研究後，便可決定對於各種方法的取舍了。

第十章　自動的變更：分紅

本章對變更工資的方法初加以簡單的敍述，似乎有些例外，其所以留待這一章中來討論的原因。這方法在第一章第二段裏已述到，這裏可不再說。

工資的生活費昇降制度（cost of living sliding scale），便是工資水準依照可以估量生活費的物價水準而變更。這方法在大戰後流行很廣。它與售價昇降制度（selling price sliding scales）的方法大不相同。鋼鐵工業便是施行售價昇降制度的最好榜樣。該業建立這方法已有多年，現在還在繼續施行中。這制度——通常和其他工作條件一併包括在一種團體協定中——規定工資率須依照一指定出品售價的變動而昇降。這出品常是一工廠的主要出品，該工廠中所僱用的工人，其工資都須受這制度的節制；不過這出品也可以是其他的出品，這出品和該項制度所管之工廠的關係是不甚直接的。假如一個工廠又生產生鐵，又生產各種鐵製品和鋼製品便可同時施行幾種制度。鋼鐵工業中有幾個部門，在半世紀前就採用這些自動制度；這方法在這期間漸得有比較永久之根基，且逐漸推行於大部分鋼鐵工業了。有幾種制度中也發生其他的變遷，那便是最低額的採納（如此工資的基本率便不致自動的隨着售價跌落到這數字之下），和最高額的廢除。在售價昇降制度的協定中，常規定須調查代表工廠出品的售價（調查的會計員或由勞資雙方共同指定，或由每方分別指定），並須調查一定期間，譬如說一個月或兩三個月間工資的變更。

雖則工資變更的情形常不能如該方法所昭示的那樣自動，然在鋼鐵工業中，售價昇降制度終不失爲工資變動的眞正的指示者；該項工業所以能比較不發生激烈的爭議，這不得不歸功於這制度的使用和仲裁機關的勞績，仲裁機關的產生歷史是大半與昇降制度的歷史相同的。這方法有時被人稱爲分紅的一種形式，但是這方法與分紅的區別，大家都知道在於這方法祇適用於工業。當售價足以表明工業的普遍繁榮時，我們如把這方法稱作分享繁榮的一種自動手段，或稱作團體訂約的一種特殊形式，那是更要適當些的。

在煤礦工業中，有一個時期售價昇降制度是被公認爲節制工資變更的方法的。在這方法被正式承認之前後，售價的變更也常構成工資談判中的主要標準。不過在大戰後，煤礦工業便採用一種調節變更的新方法了。這新方法的施行不同之範圍頗廣——譬如說，其標準有全國的和地方的不同——不過我們此處祇須略述這「所得金的分配」(the division of proceeds)方法之機構便足。

茲將一九二一年全國協定中所載這方法的梗概略述如下。一個地方的工資率，無論何時都用根據地方基本工資(包括價目表中的計件工資和各類工人的計時工資)的百分率的形式表示出來。這百分率可依照該地工業的所得金而增減。這所得金包括一切出售和轉售的所得。從一九二一年五月三十一日起，所有的地方工資便可確定爲標準工資，再須加上一定量的百分率。標準利潤應等於標準工資成本的百分之十七。在所得金中，須提出(a)標準工資的成本，(b)工資以外的生產成本，(c)標準利潤；在剩餘額中，須將百分之八十三來支付標準工資之外的工資，合成的工資率，可用該地所通行的基本工資的百分率形式表示出來。一九二一年的全國協定也規定，無論在何種情形下，各地的工資不能低於標準工資的百分之一百二十。此外，如未爲每班工資較低的日薪工人規定一種生計工資(subsistence wage)時，則應有津貼的支付，這層在協定中也有明文規定的。

我們可以知道這制度實是依照所確定的原則，將該業的所得金分配給工資和利潤雙方的一種方法。所以爲達到這目的，協定中規定工人可派遣代表使與關於成本之事實能够熟稔。這基本工資是由地方協定的（即爲計件工人所規定的煤坑計件工資）；這百分率則須根據全國協定的最低百分率，依照各地的所得金而決定之。

前面已述及工資和利潤間的大概分配，便是工資方面應分取「純所得金」net proceeds（即總所得金中減去工資成本以外的成本後的餘額）的百分之八十五，利潤方面應分取百分之十五（讀者可參看礦務部第二卷年報。施行這制度的各種形態，在這報告中都有充分討論）。讀者須注意用來決定加在地方基本工資上的百分率的「純收得金」，是該地全區的「純所得金。」所以只能在平均煤礦中（這平均煤礦是計算出來的，並不須眞正有這種煤礦的存在），這分配方能與所協定的比率相吻合。所以由平均性質決定的百分率施行於該地全區後，如每一煤礦都施行這同一比率，則將使有幾處煤礦的利潤較原來的利潤更爲增大，而其他煤礦的利潤更爲縮小，或竟至無利潤可得（在沒有標準利潤可得的情形時，這協定有特別的規定。讀者如對這制度實際運用時的種種形態感到興趣，可參看礦務部年報，以及皇家委員會 Royal Commission 和審查會議 Courts of Inquiry 的報告，這兩種機關是審查一九二一年後煤礦工業的工資和其他情形的）。

分紅　在引論中提及「報酬法」這名稱時，已表明本書的討論範圍祇限於工資支付的方法。不過前亦說過題材的界限似頗難確定，爲便利計，我們可將這界限隨時加以伸縮。分紅便是界限不確定的一個榜樣。在最近聯合王國的分紅與合股之報告(Report on Profit Sharing and Copartnership in the United Kingdom)中，「分紅」這名辭是用來「適用於這種情形，就是一個僱主同他的僱工協定，僱工可取得預先訂定的，該項企業所賺得的利潤的分配，這利潤分配加在他們的工資上面，作爲他們勞動的一部分酬報」。關於這說明中許多名辭的含糊性（爲充分闡明這些名辭的含糊性，應將這報告再加以修正），此處毋庸多說。我們只須知道利潤的分配構成勞動酬報的一部分，且是加在工資上的。增加的多寡便須依賴利潤總額的多少。這制度與前面已提及的產額或效能津貼的各種形式是顯然有區別的。一座工廠在施行這各種工資支付的形式時，並不一定會有分紅制的。反之，工人是作爲一個雇工般地在工資以外取得他的利潤分配，作爲勞動酬報的；在分紅制下付給工人的利潤分配，與同一工人在作爲企業的尋常投資者時所取得的利潤，是有區別的；作爲股東的僱工所分得的股票，有時低於市價，有時卻可取得股息。這種種形態足以表明分紅制的本質（作爲勞動報酬的一種手段），實有不同程度的作用。分配的應預先訂定，是分紅制中一種至要的形態；分配的固定（假如有利潤可分時）是可以激勵工人努力工作的。至於各種分紅制的詳情，讀者可參看前而提及的官方報告。依照處從利潤分配的方法，可將這制度分成——現金支付，記入短期儲蓄帳或存款的貸方，養老金支付，企業資本中的投資，以及這些方法的混合制度等。其中現金津貼制是最占優勢的。

至一九一九年十月三十一日止，三百八十種分紅制度中，照勞工部長所知道，尚存有一百八十二種。這三百八十種制度除一種外（這一種是在一八二九年開始施行的），都是在一八六五年開始施行的。已廢除制度的平均存在時期是八年半。現在尚存制度（在一九一九年開始施行的制度不計在內）的平均存在時期大約是十四年。這一百八十二種制度所包括的行號，共僱用大約二十五萬的工人。

全部制度歷年來在工資外所支付的平均津貼，約是百分之五或百分之六。

分紅的優劣點常是爭論的主題。代表其優點的是在於酬報和工業一般效能之增加，以及工業關係之改善（有股東委員會的合股公司，可以說是分紅制的一種發展）。反之，有人以爲如將分紅制來代替計成績支付時，則工資增加到百分之五或百分之六（根據平均的結果）的機會，不足爲增加產額的一種充分的刺激；且這增加的酬報遙遙無期，簡直不足以產生刺激（因爲利潤須經過長時期後方能付出）；再者，勞力增加的結果，並不定能擔保酬報的增加，因爲利潤大部份還是依賴僱工的技能和勞力以外的情形的——如市場的情形，管理的得法等等——所以工人能力的增加可爲其他因素所抵消，結果毫無酬報可得。也有人以爲不論贊成這制度或反對這制度，都須顧慮到各項工業的特殊情形的。

還有一種理由常被人用來反對分紅制，我們須得加以注意，因為在有工會組織的工人中，這是最占優勢的論調。其理由是分紅制在原則上是違反工會主義的，因為分紅制將截斷同一工業中各工廠間的工人之聯絡；從工會的立場看來，對工廠的盡忠，便是喪失了對工友的更重要的盡忠（他們有時對於個別計成績支付制度，也取相類的反對論調）。僱主方面也有反駁他們以為參加分紅制，並無阻礙工會主義之處的。

第十一章 其他形態：法定規則，過時工資

前面關於支付方法方面的敍述，尚有未盡處。下列的說明將簡略地討論其他的幾種有趣事件，不過讀者如欲探討工資制度的複雜性，則尙須參考別種書籍的。

在十九世紀下半期中，工業立法大大地增加起來，因此從幾方面來影響到工資和支付方法。下文概括而簡略的說明，切勿視爲卽此已表明這論題的複雜性。爲補足我們的敍述起見，別種書籍的參考是必須的。讀者尤須注意的，對這種論題祇作簡略敍述時，其中所包含的字義是不免含混的。所以如欲獲得完整的和精確的智識，可逕自研究工業立法以及根據這立法的各種標準工厰。

影響工資額的立法之主要形態，並不直接包括在我們的題材範圍之內；我們可逕參考一九〇九年和一九一八年商務部法令中所規定的幾種工資形式，以及如一九一二年煤礦（最低工

資）法令等的其他最低工資立法。在鎖鏈業中用立法來強制推行計件工資時所發生的各種困難——如確定界限的困難等等——在塔奈(R. H. Tawney)所著鎖鏈製造業中之最低工資(Minimum Rates in the Chain-making Industry)一書中都有討論到。

還有一種立法是爲確查工資而規定的。這問題與計件工人有關係；這立法的兩種狀態便是：（一）每種工作品數量（哥 gross 噸，或其他單位）的計件工資的調查，（二）確實所作的工作品的調查。建立在這幾種狀態上的立法，可說是包括「詳報」(particulars)原則（所付價目的詳報），和「檢查重量」(check-weighing)原則。公布的報告按照情形包括（a）工作品所適用的工資率的詳報，（b）工資所適用的工作品的詳報，（c）適用於一團體所作工作品的工資的詳報，假如工人分配團體所得所根據的制度，不是一種可任意分配的制度，還須有各工人間分配比例的詳報。至於自動指示器（如棉紗業某種程序中所使用者）的點數，以及遇到工作須再劃分，且這一程序中的工人須將工作劵(work tickets)連同工作品一併遞交另一種程序中的工人時，各工人所適用的細則等等，也都須包括在這詳報中的。

物品工資法令（Truck Acts）即包括第三類的立法，這法令是涉及用物品來作爲工資的支付以及各式工資扣除的國家用立法來禁止物品工資的惡弊——讀者如欲知道一個小說家對於「物品工資店」tommy shop（在工業不甚發達的國家中，仍可發見這類店舖）流弊的描寫，可參看狄士眾利（Benjamin Disraeli）的女巫（Sybil）——已歷好幾世紀了。在十九世紀中，這類立法大大地擴充起來。這立法的一般用意，即在保證工人可取得工資的現金支付，且可隨意消費他所得的工資。在酬報法的研究中，這立法最有興趣的一部分，便是一八九六年物品工資法令中所涉及的工資扣除。此處讀者應注意，凡受商務部法所統轄的各業，是不得根據一八三一年到一八九六年的物品工資法令，將工資扣除到法定最低工資之下的；隸屬於商務部法令下的各業，除非在根據一九一一年的全國保險條例（National Insurance Act）時，或除非爲了根據任何條例，須將工資扣去一部分撥充養老金時，是不得將支付的最低工資扣除的。

一八九六年的物品工資法令規定遇到下列情形時，可將工資扣除：（一）違背紀律，（二）損壞工作品或原料，（三）由僱主供給工具，工房，動力等等。這法令關於這三種情形的規定，無非想確定須有一種契約，且確定在這類情形中的扣除是公正而合理的。

扣除制度的施行是一個曾發生過爭論的問題，讀者如欲諳習贊成這制度和反對這制度的理由，以及法律上更革的建議，可參看一九〇八年出版的內務部分科委員會之報告(Report of a Departmental Committee of the Home Office)，這報告郎係述及一八三一年，一八八七年，和一八九六年的物品工資法令之運用的。我們在這本酬報法的敍述中已提及各種團體協定的限制或禁止——如像自主的團體協定所可辦到者——此處所說的扣除，因這類協定之擴張，和關於這方面的商務部法令等特別立法之施行，已使工資扣除的運用範圍漸趨縮小了。

過時(overtime)支付實是一種重要形態。雖則因團體訂約之發展，已使過時工資的施行大爲擴張和漸趨一致，然各種過時工資在總數和形式兩方面仍各有不同的。過時工資的一般原則，便是在常規工作時間外所作的工作，其支付的工資應高於常規工作時間內的工作所支付的工資，譬如說是一又四之一倍。這額外工資——四分之一，二分之一，一(或兩倍)，等等——有各種的變化——或依照超過常規的鐘點，或依照延長工作時間的日數；其計算方法也有變化——

或非待一個常規星期（譬如說是四十八小時）完畢後不得延長工作時間，或非待常規鐘點（譬如說是九小時）完畢後不得開始限長工作時間。過時支付的其他差異可由適用於計件工人的許多方法中舉出二種來表明；付給計件工人的額外工資可根據他的計件所得；反之，額外工資可以是計時工資（把這工人當作計時工人時所取得的工資）的一種分數，就是計件工人在限長工作時間取得他的普通計件工資之外，還可取得計時工資的一種分數。有幾項行業中（如手工造紙業）有一種過度工作（overwork）的支付，就是工人在超過規定的一天工作後所作的工作，可取得一種漸增的工資，所謂一天的工作，便是產額的一種確定的體量（physical measure），完成這產額所需的時間是可以少於一天的常規鐘點的。我們可以看到這過度工作的工資實具有漸進計件工資的性質，與過時工資是不同的。

夜工也可有特別的工資。其支付的時期，時間，和地點，都是很重要的。各業關於這幾方面，都有不同的規則。在建築業等行業中，二八應雇作一件工作，常距僱主的店中和他自己的家中有好幾英里，所以支付的地點便很重要。建築業中常有步行時間的支付，或各種出外工作或住宿的津貼。

臨到最後，我們應注意，工資支付雖則表面上有許多不同的方法，然有幾種普遍的趨勢實是很明顯的。最普遍的動向便是確定的程度已逐漸增加。從全部工業看來，支付方法就像其他工作條件一樣，變成更充分地和更明白地確定起來了。團體訂約和工業立法之發展，更能幫助這種趨勢的實現。工人間和僱主間的組織之增長，造成了大規模的工資訂約，且關於特別支付形式也都成立協定。讀者在回顧這本酬報法的各段落時，便可想起這普遍趨勢的幾種狀態，如劃一計件工資之擴張，副契約的減少，計件工基本工資原則的增加應用，以及工資扣除的管理或逐漸減少等。

附錄

茲將四十九頁中所述〇十五號法定規則的第四部分照錄如下。

第一節　家庭工人的普遍最低計件工資

A．裝置梳棉板的安全針者——各種大小的針分別裝包派給家庭工人。

（1）如梳棉板已加點和穿孔者——

大小	每塊梳棉板的針數			
	12	9	6	5
	每十二打的梳棉板			
	便士	便士	便士	便士
000	$10\frac{1}{2}$	7	$5\frac{1}{4}$	$5\frac{1}{4}$
00	$9\frac{3}{4}$	7	$5\frac{1}{4}$	$5\frac{1}{4}$
0	$9\frac{1}{4}$	7	$5\frac{1}{4}$	$4\frac{1}{2}$
1	$8\frac{3}{4}$	7	$5\frac{1}{4}$	$4\frac{1}{2}$
2	$8\frac{3}{4}$	7	$5\frac{1}{4}$	$4\frac{1}{2}$
3	$8\frac{3}{4}$	7	$5\frac{1}{4}$	$4\frac{1}{2}$
4	$8\frac{3}{4}$	7	$5\frac{1}{4}$	$4\frac{1}{2}$

（2）如梳棉板未曾加點和穿孔，則（1）項所規定的普遍最低計件工資，應增加百分之二十。

（3）如梳棉板已加點而未穿孔，則（1）項所規定的普遍最低計件工資，應增加百分之十。

B. 裝置梳棉板的彈簧扣合具(snap fastners)者——

（1）如背板(back-boards)是由僱主供給與家庭工人的，則每十二哥（一哥合十二打）應付以六便士。

（2）如僱主不供給背板，則每十二哥應付以九便士。

如須兼做鐵工，則上面爲裝置彈簧扣合具的工人所規定的工資，每十二哥應付以四分之一便士的額外工資。

C. （1）裝置梳棉板的鉤和環孔者——

大小　　每塊梳棉板有十二個鉤和環孔

〇〇—〇……………每十二哥梳棉板應付以三先令六便士

一—八……………每十二哥梳棉板應付以二先令七便士半

（2）裝置梳棉板的鉤和環者——各種大小的鉤和環分別裝包派給家庭工人

大小　　　　　　　　每塊梳棉板有十二個鉤和環

〇〇—〇……………每十二哥梳棉板應付以四先令兩便士半

一—八……………每十二哥梳棉板應付以三先令一又四分之三便士

注意　凡棉布，針，線，和包布等均由僱主供給。

D. 紮束安全針者——

五十雙針一束，每一百四十四束應付以兩先令。

第二節　家庭工人的普遍最低計時工資

一切家庭工人的普遍最低計時工資，每小時都是六便士

第三節　計件工的家庭工人如適用第一節所規定的普遍最低計件工資，則他們所取得的

工資決不能低於這類計件工資。計件工的家庭工人如不適用第一節所規定的普遍最低計件工資，則普通工人的計件工資，至少須等於第二節中所規定的每小時六便士的普遍最低計時工資，所謂普通工人，就是一個具有普通技能和經驗的家庭工人。

第四節　本部分中「家庭工人」的意義，就是指一個在他自己家裏工作的工人，或是指一個在不受僱主管理的任何場所中工作的工人。

中華民國二十三年十二月初版
中華民國二十四年四月四版

商學小叢書 報酬法 一冊 (4134)
Methods of Remuneration

每冊定價大洋貳角伍分
外埠酌加運費匯費

原著者 R[illegible]
譯述者 [illegible]袁
發行人 王雲五 上海河南路
印刷所 商務印書館 上海河南路
發行所 商務印書館 上海及各埠

(本書校對者何[illegible])